元東京国税局職員が教える

お金の基本

小林義崇
元国税専門官

幻冬舎

まえがき

― 投資は7割の人間が損をしている ―

ある年の3月、新人の税務職員だった私は確定申告の相談会場にいました。

確定申告のシーズンは、毎日数多くの納税者が相談会場に訪れます。私のもとに案内されたある高齢男性が、「株で損をしたので、還付金の申告をしたい」と言って、取引関係の書類をデスクに広げました。

書類の整理をしてわかったのが、その男性が1年間でかなりの額を失っていたこと。およそ300万円。男性の年金収入を超える金額です。損失の大きさに動揺しつつ税金の試算をした私は、見積もった還付金の金額を伝えました。たしか数万円ほどの還付金でした。

すると、男性は当惑の色を見せ、突然大声を上げたのです。

「そんなに少ないはずがない！」

あらためて話を聞くと、その男性は退職金を慣れない投資につぎこみ損を抱えたまま、「投資の損は、確定申告をすると戻ってくる」という中途半端な知識で安直に資産を運用していたことがわかりました。

たしかに状況によってはいくらか還付金が出ることはありま

すが、少なくとも投資による損失をまるごとカバーできるような制度は存在しません。

その後、男性に説明を重ねて還付金の金額を理解してもらえたのですが、とてもガッカリしていることが表情から明らかでした。それまで働いてきた努力の証である退職金を失ってしまった男性の気持ちは計り知れません。

2020年に金融庁が発表した投資信託の運用状況を示すデータによると、**個人投資家のおよそ7割が損失を出した**といいます。お金を増やすために行う投資でむしろ損益を被ってしまっているのです。2021年に入ってからはコロナショックからの反発を受けて利益を得た投資家が増えたものの、不安定な国際情勢などの影響から先行きは不透明です。

国税専門官として勤務していた当時、私は本当に多くの方が投資で失敗し、救いを求めるように税務署にやってくる姿を見てきました。紹介した高齢男性は極端な例ですが、素人が投資のしくみを理解しないまま多くのお金をつぎ込んでしまうと、このような悲劇が起こります。

ただその一方で、私は投資で着実に利益をあげた人も数多く見てきました。とくに相続税調査の対象となる富裕層の多くが株式や不動産などに投資をして大きな資産を築いていることを知っています。

投資をして経済的に豊かになる人もいれば、そうではない人もいる。

その理由はいくつか考えられますが、ひとつ言えるのは、「知識がある人のほうが失敗しにくい」ということ。当たり前かもしれませんが、**基本的な知識の差によって、人生は驚くほど大きく変わってしまうのです**。

現代の日本で生活を送るには、基本的な「お金の知識」が欠かせません。

近年話題になった「老後2,000万円問題」で明らかになったように、**人生100年時代といわれる現代、長い人生を安心して送るには、将来を見据えてお金をコツコツ増やす必要があります**。

幸いにして私は、東京国税局での勤務経験から税金をはじめとするお金の知識を身につけることができました。

2017年にフリーライターとして独立した後は、世界的に知られるプロの投資家のジム・ロジャーズ氏の書籍プロジェクトに関わったほか、さまざまなお金のプロを取材し、記事や書籍を書く機会を得ました。

本書では、こうした経験から学んだお金の基本的な知識をお伝えします。

世の中には一攫千金《いつかくせんきん》を狙う方法を紹介する書籍が数多くありますが、お金を一気に増やすのは本当に難しいです。見よう見まねで実現できるものではなく、株式相場を見る眼や直感、商才、そして時には運だって必要になるはずです。しかし、**「時間を掛けてコツコツある程度増やす」という方法であれば、誰でも実践できます**。

できるだけ多くの人が理解できるよう、本書では難しい説明は避けつつ、実践的な情報を多く取り入れています。ぜひ気軽に読み進めながら、お金の不安を少しでも軽くしていただければと思います。

2022年4月から高校で金融経済教育が必修化されました。しかし、今の時点では、お金に関してまともな教育を受けた人はほとんどいないはずです。もらえる、増やせるはずのお金を知識がないばかりに得られなかった。知らず知らずのうちに損をしていた。こうした事態を少しでもなくしたいのです。

この一冊があなたの人生をより明るく照らす助けになることを心から望んでいます。

Y-MARK合同会社代表

一般社団法人かぶきライフサポート理事

小林義崇

Contents

ブックデザイン —— 鈴木大輔・仲條世菜（ソウルデザイン）
イラスト —— 川原瑞丸
DTP —— 美創

第1章

歳を取るとお金が足りなくなる。なぜ今資産運用が必要なのか？

年金頼みでは老後は不安

ほしいものを買うため、やりたいことをするため、目の前の生活のため。このように、お金を増やす目的は人それぞれ違うものです。

ただ、誰もが考えておかなくてはいけないのは、**老後の生活のために、ある程度のお金が必要になる**という事実です。

私たちは、一生涯元気に働けるわけではありません。人はいずれ歳を取ります。高齢になり働けなくなったら、老後の生活を送るためのお金が必要です。年金だけでは老後の生活を送るには十分ではないので、現役時代からお金を蓄えなくてはいけません。

その目的のために取り組みたいのが、資産運用。自分のお金を株式などに投資して、老後に向けて効率的に増やしていくということです。

内閣府の調査によると、65歳以上の高齢者の生活満足度は近年低下傾向にあり、さらに他国と比べても低いことがわかります。

国民の生活満足度

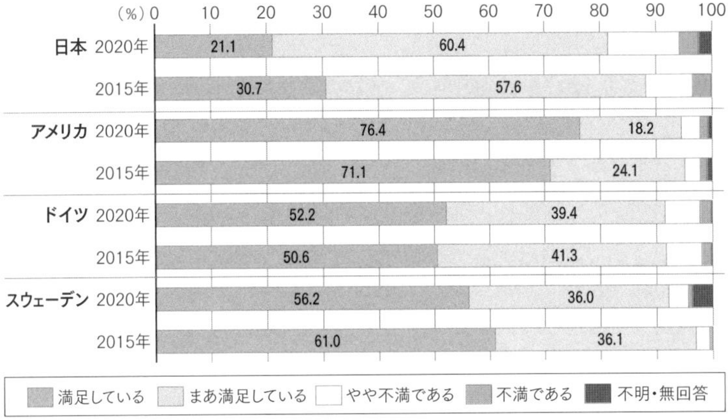

出典：内閣府「第9回高齢者の生活と意識に関する国際比較調査」(2021年)

日本における65歳以上の人の暮らし向き

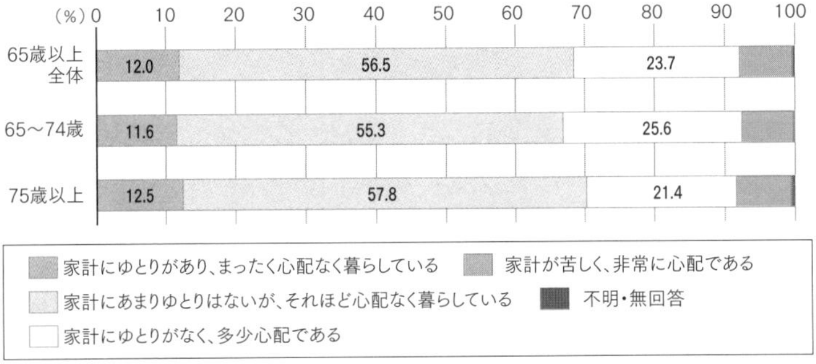

出典：内閣府「高齢者の日常生活・地域社会への参加に関する調査」(2021年)

2020年に「生活に満足している」と答えた日本の高齢者はアメリカの3分の1以下！　日本の高齢者の生活満足度は世界的に見ても低水準なのです。

65歳以上の生活保護受給者が増加傾向にあることも気になる点です。一方で、労働力人口（就業者と完全失業者の合計）における65歳以上の比率も上昇しており、多くの高齢者が**生活のために働かざるを得ない現実が見えてきます。**

《 日本における労働力人口の推移 》

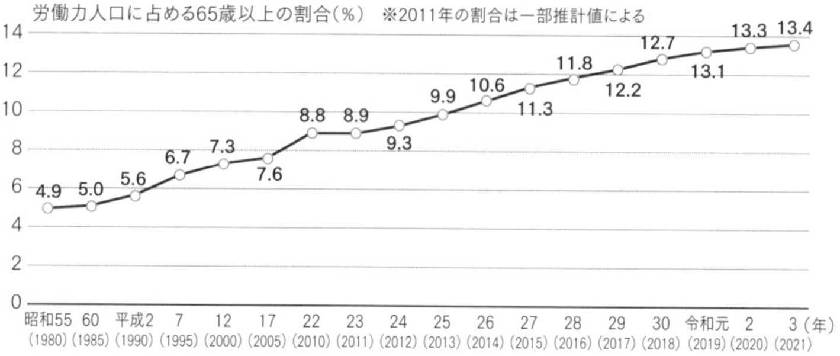

出典：内閣府「高齢社会白書」(2022年)

一般的に65歳以上が高齢者と見られがちですが、2017年には65～74歳を准高齢者、75歳から上を高齢者と定義するべきという提言が日本老年学会・日本老年医学会によって発表されました。65歳はまだ働くべき年齢だと社会的に認知されつつもあるのです。

このような現実を見ると、老後の生活を年金だけに頼ると、お金の不安から逃れられないことは明らかです。**でも、今から資産運用を続けていけば、確実に老後の生活を変えることができます。**

老後2,000万円問題が明らかにした現実

2020年に、「老後の生活が年金だけでは立ち行かない」ということを多くの人に知らしめた出来事がありました。**いわゆる「老後2,000万円問題」です。**

当時はセンセーショナルに報道されたので、記憶にある人も多いと思われますが、あらためて振り返っておきましょう。

老後2,000万円問題とは、金融庁の金融審議会「市場ワーキング・グループ」が老後の収支に関する試算を示したことで、物議を醸した問題です。

この試算によると、高齢者無職夫婦（夫65歳以上、妻60歳以上の夫婦のみの無職世帯）の場合は毎月約5.5万円の資金が不足するため、20〜30年で約1,320万〜1,980万円が足りなくなるという結果が出ています。

このことから、**老後資金として2,000万円を用意しないと生活できない**と社会不安が高まったというわけです。

「2,000万円」という言葉のインパクトが強く感じられますが、もちろん老後に必要な資金は家庭ごとに違います。家族構成や年金収入、生活レベルといったさまざまな要素が絡むので、一概に「2,000万円あれば大丈夫」とも言えません。

とはいえ、老後2,000万円問題の根拠となる資料は老後の生活をイメージする上で役立ちますので、少し見ておきましょう。

〖日本人の老後の平均家計〗

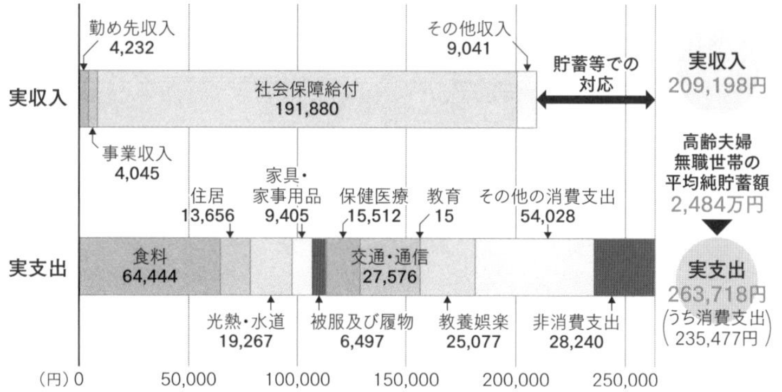

出典：総務省「家計調査」（2017年）

老後2,000万円問題の主な根拠は以下の2点です。

①引退して無職となった高齢者世帯の家計は、主に社会保障給付（保険や年金）によって賄われている。

②高齢者無職世帯の実収入と実支出との差は、月5.5万円程度となっている。

上のグラフによれば、総務省は高齢夫婦無職世帯が老後1ヶ月に必要とする支出を次のように見積もっています。

食料：64,444円

住居：13,656円

光熱・水道：19,267円

家具・家事用品：9,405円

被服及び履物：6,497円

保健医療：15,512円
交通・通信：27,576円
教育：15円
教養娯楽：25,077円
その他の消費支出：54,028円
非消費支出（税金や社会保険料など）：28,240円
合計　263,718円（四捨五入後）

この数値を見て、「そんな金額では足りない！」という人も、「もっと生活費を絞れる」という人もいるでしょう。

たとえば住居費は13,656円となっていますが、既に住宅ローンを完済していればまだしも、賃貸の場合はもっと多くの住居費がかかるはずです。また高齢になってからも子や孫の教育費を出してあげたいと思うなら、月15円で済むはずがありません。

そうした感覚をもとに、ざっくりで構いませんので老後に必要な生活費を見積もってみましょう。老後は年に1回は海外旅行をしたいというのであれば、そうした希望も踏まえて考えてみてください。**「2,000万円でも足りない！」という感想をもつ方が、多くいらっしゃると思います。**

老後の月収はいくらもらえる？

続いて高齢夫婦無職世帯の月収に目を向けてみましょう。

勤め先収入：4,232円
事業収入：4,045円

社会保障給付：191,880円
その他収入：9,041円
合計：209,198円

老後の収入の大半は社会保障給付、**つまり公的年金によって賄われています**。今後は徐々に給料や事業収入を稼ぐ高齢者が増えていくと予想されますが、年金が老後の収入の基礎であることは変わりありません。

ここで気をつけたいのは、老後の生活を支えてくれる公的年金の金額は、個々人の現役時代の収入や働き方によって大きく変わってくる点です。

日本の公的年金は2階建てになっていて、20歳以上60歳未満のすべての人が加入する**国民年金（基礎年金）**の上に、会社員が加入する**厚生年金**が乗っています。

〘 公的年金の構造 〙

被保険者の種別	第1号被保険者	第2号被保険者	第3号被保険者
職業	自営業者・学生・無職 など	会社員・公務員 など	専業主婦 など

日本の年金制度は、「国民年金と厚生年金を受け取れる会社員・公務員」と、「国民年金のみを受け取れる自営業者や専業

主婦など」に大きく分かれているのです。

厚生年金（国民年金を含む）のひと月あたりの平均額は、男性が約16万円、女性が約10万円です。したがって、夫婦共働きの家庭の場合、現在の年金水準であればおよそ26万円の月収が見込めます。

しかし、たとえば40年間自営業を続けた夫と専業主婦の妻といったように、国民年金しかもらえない人は、老後の収入が非常に低くなります。国民年金の受給額は決まっており、**40年間しっかり保険料を納めても、月額64,816円（2022年度）しかもらえないのです。**

また、会社員の人であっても、必ず十分な年金をもらえるとは限りません。

現代はひとつの仕事をずっと続ける人が減っているので、年金だけをあてにしていると、やはり老後の生活費を賄えなくなるおそれがあります。

たとえば大学を卒業して10年間会社員を続け、その後独立をして30年間自営業をした、というような場合、厚生年金の対象になるのは10年だけです。このような場合、さきほど示した厚生年金の平均受給額は参考になりません。

そこでチェックしておきたいのが、「ねんきん定期便」や「ねんきんネット」の情報です。

ねんきん定期便は、毎年誕生月に自宅に送られるもので、自分の年金記録や年金の見込額を確認できます。また、インターネットでいつでも年金記録を確認できるねんきんネットも便利です。

《 ねんきん定期便の受け取り方・内容 》

区分		送付形式	内容		備考
毎年（節目の年以外）	50歳未満	はがき	直近1年間の情報	これまでの加入実績に応じた年金額	被保険者の誕生月に郵送
	50歳以上			年金見込額	
節目の年	59歳	封書	全期間の年金記録情報	年金見込額	
	35歳、45歳			これまでの加入実績に応じた年金額	

出典：日本年金機構ホームページより

マイナンバーまたは基礎年金番号があれば、ねんきんネットを簡単に利用できます。日本年金機構の公式ホームページから、一度見てみてください！

これらの情報で自分がどれくらいの年金をもらえるのかを知ると、**年金だけでは生活できない**と実感する人が多いはずです。

もらえる年金は現役時代の収入の50％未満

年金だけでは老後の生活費には足りないと知ると、国に対して文句を言いたい気持ちになるかもしれません。

でも実は、**年金制度は、そもそも老後の生活に足りるように設計されていません**。「老後は年金で悠々自適」といった世の中のイメージは、何の根拠もないものなのです。

公的年金だけで老後を送ろうと考えるなら、生活レベルを落とすことが必須となります。**その理由を知るためのキーワード**

になるのが、所得代替率という言葉です。

所得代替率を簡単に説明すると、年金を受け取り始める時点（65歳）における年金額が、現役世代の手取り収入額と比較してどのくらいの割合か、を示すものです。

政府は、夫が40年間厚生年金に加入し、妻が40年間専業主婦または扶養の範囲内（厚生年金に未加入）の収入である家庭を「モデル世帯」とし、モデル世帯の所得代替率が50％を下回らないようにすることを目指しています。つまり元々年金とは、現役時代の半分の収入を受け取ることができれば良い、という設計なのです。もちろん、共働き家庭など、働き方や収入によっては所得代替率が50％を下回ることもあり得ます。

ということは、老後の生活をすべて年金で賄おうとすると、生活レベルを現役時代よりもかなり落とさなければなりません。

そのため、「年金はもらえたとして現役時代の半分程度」と考えておき、老後に向けて資産を蓄えておく必要があります。

これからの日本では退職金に頼れない

年金だけでは老後の生活資金が不足することがおわかりいただけたでしょうか。

この不足分を現役時代に準備しておく必要がありますが、そのための方法は基本的に次の3つに絞られます。

1　退職金
2　貯蓄
3　資産運用

MUFG資産形成研究所の発表によると、年金などの定期収入だけで老後資金が賄えない場合、リタイア期に入った退職層の81.6％の人が「貯蓄（退職金含む）の取り崩しで賄える（賄っている）」と回答しています。

〖定期収入で足りないお金をどのように賄っているか〗

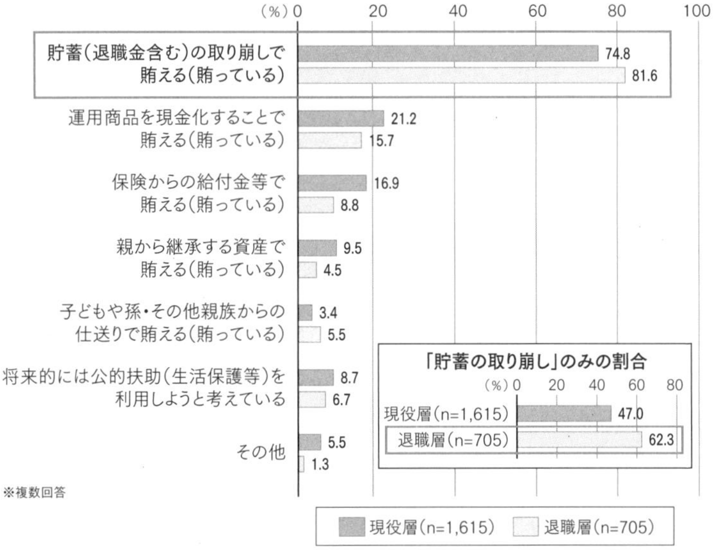

出典：MUFG資産形成研究所「退職前後世代の老後の生活に関する意識調査―老後生活収支に対する認識について―」（2019年）

退職後の年金以外の生活資金は、ほとんどが貯蓄に依存していることがわかります。年金だけに頼れない今、かなりの額を貯めておかなければ、生活が成り立たなくなってしまうのです。

約80％もの人が貯蓄と退職金で老後の生活をおくれているなら、自分も大丈夫なはず。このように考えてしまうかもしれ

ませんが、実は**貯蓄や退職金だけで老後資金の不足を補えるケースは、今後減っていく**と考えられます。というのも、会社員の退職金は減少傾向が続いているからです。

2003年の大卒者の定年時平均退職金額は、2,499万円でした。これだけのお金があれば、退職金だけで老後2,000万円問題に対処できたでしょう。

ところが、就労条件総合調査の5年おきの推移を見てみると、退職金は次のように減少を続けています。

2008年：2,280万円
2013年：1,941万円
2018年：1,788万円

これだけ退職金が減ると、ライフプランに大きな影響が出るのは明らかです。

今後、日本人の退職金がどうなるかわかりませんが、経済が停滞している昨今の情勢を考慮すると、増えることは考えにくいです。むしろ、さらなる退職金の引き下げが行われることが十分に考えられます。**一つの会社に定年まで勤めて、退職金を満額もらうというモデルは崩れ去りつつあります**。たとえ退職金制度のある会社に就職したとしても、独立や転職などをすれば、退職金を十分にもらえません。

日本人のキャリアが柔軟になっている状況からも、老後の生活資金の不足を退職金で補おうとするのは危険です。退職金はもらえればラッキーですが、現役の頃から資産運用を通じて老後資金を育てるほうが安心できます。

仕事を頑張っても収入は増えにくい。「それなら現役時代に仕事を頑張って貯金を増やしておかないと！」こう考える人もいるでしょうが、実はその難易度が高いのが今の日本です。

それは、所得が高くなれば税金の負担が増すから。政府は所得が高い人を狙い撃ちして増税を行っているため、将来の不安がより高まっているのです。**仕事を頑張って高所得を得られたとしても、増えた収入がそのまま預金口座に反映されるわけではありません**。近年の税制改正から、いくつか例を挙げましょう。

【2018年の改正】

・年間所得900万円超の人の配偶者控除・配偶者特別控除を引き下げ

【2020年1月の改正】

・年収850万円超の人の給与所得控除を引き下げ
・年間所得1,000万円超の人の公的年金等控除を引き下げ
・年間所得2,400万円超の人の基礎控除を引き下げ

これらの改正の中には、子育て世帯などが増税とならないよう一定の配慮がなされているものもありますが、高所得者狙いの増税であることは明らかです。

そして、高所得者を対象とした改正のほかにも、過去20年ほどの間で国民全般に対して不利な税改正が行われてきました。

たとえば、65歳以上のほぼすべての人が控除対象となる「老年者控除」や、所得税の20%、住民税の15%が一律減額される「定率減税」といった税負担を抑える制度がかつては存在し

たのですが、2000年代に廃止されています。

2011年には、16歳未満の子が扶養控除の対象から外されました。それまでは16歳未満の子ども3人の家庭であれば年間30万円ほどの節税効果が見込まれたのですが、これがなくなってしまったわけです。一応、扶養控除の廃止に合わせて児童手当の整備がなされていますが、児童手当には所得制限が設けられています。現状としては、所得が高い人は扶養控除と児童手当のどちらの恩恵にもあずかれていません。

このような増税の流れはつまり、収入を増やすために仕事を頑張っても、努力に見合う効果が得にくいということです。この事態に対処するという意味からも、資産運用に目を向ける必要があります。今は「働いて稼ぐ」よりも、「資産運用で稼ぐ」ほうが税金の面で有利になるケースが多いのです。

日本は社会保険料の負担が重い国

税金だけでなく、社会保険料の負担も悩ましい問題です。私たちが支払っている健康保険や年金などの保険料が、近年増加しています。

月々の給料から差し引かれる健康保険や厚生年金の保険料は、標準報酬月額という値で決まります。この値は、基本的に毎年4月から6月に受け取った給料の平均値によって求められるのです。

標準報酬月額に、政府が定めた一定の率を掛けて保険料は計算されます。この政府が決定する率が年々高くなっており、当然それだけ家計の負担となります。さらに2000年度に介護保険が創設され、40歳以上の人は健康保険料に加えて介護保険料も支払い義務があります。

厚生年金の保険料についても、支払い額は増えています。2004年10月から毎年0.354%ずつ引き上げられ、2017年9月以降は18.3%となりました。

こうした社会保険料は、会社員の場合、勤務先と本人で折半（労使折半）するのですが、折半をした後でも負担が重くなっていることには変わりありません。

では、東京都の会社に勤務する40歳、標準報酬月額30万円の人の場合、社会保険料がいくらになるのかを計算してみましょう。

【健康保険料（労使折半後）】

・健康保険料（介護保険料を含む）　17,460円

・厚生年金保険料　27,450円

合計＝44,910円

収入が月平均30万円であることを考えると、これらの保険料の負担は重たく感じられるのではないでしょうか。収入の約6分の1もの額が引かれ、さらにここから所得税や住民税、雇用保険料も取られてしまいます。

ジワジワと、でも確実に保険料の負担は重たくなっていて、このことは、国民の所得に占める社会保険料の比率を示した「社会保障の国民負担率」の推移を見るとわかります。

以下のグラフのとおり国民負担率が年々上がっているのがわかるでしょうか。

《 国民の所得に占める税金と社会保険料の比率 》

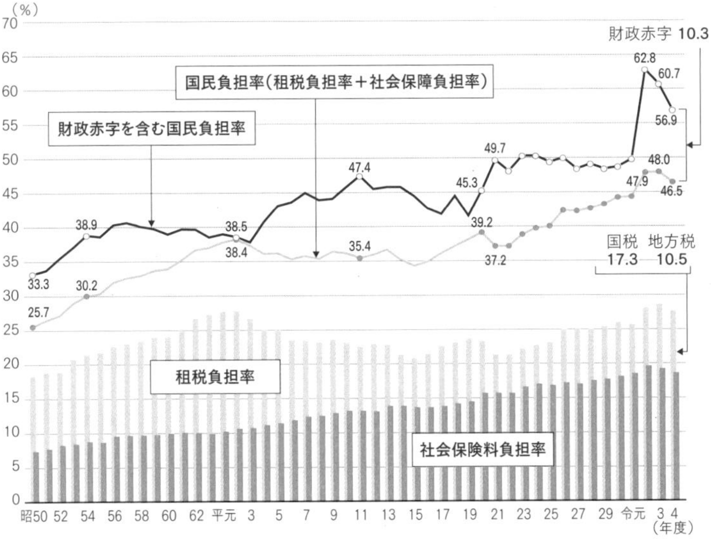

出典：財務省ホームページ「負担率に関する資料」

昭和と令和を比べると、社会保険の負担率はおよそ2倍！　右肩上がりの傾向から今後も負担は増すことが予想されます。

後ほど具体策をお伝えしますが、正しく節税すれば、税金の負担は抑えることが可能です。しかし、社会保険料の節約は、特別な場合を除き不可能です。国の流れに従うしかなく、年々増える負担額に抗う術はほぼありません。

たとえば会社員の人の給料がアップすると、これに合わせて税金とともに社会保険料も上がってしまいます。仕事の収入を増やし、貯金するというプランが不利な理由はここにもあります。

一方、投資は税制で有利なだけではなく、社会保険の面でもメリットがあるのです。**株式などの資産運用で増えた収入は、基本的には社会保険料の計算に影響しません。**

仕事を頑張るより資産運用がお得な理由

ここまでにお話ししたことで、現役世代の人々がさまざまな問題を抱えていることをご理解いただけたでしょうか。

給料や退職金は減っているのに、税金や社会保険料は増えています。そして、平均寿命は長くなっている今、老後資金の準備はかつてなく重要になっています。

こうした状況に対して、資産運用による対策が効果的です。その理由は次の2点にあります。

1　税金や社会保険料の負担が少ない

2　複利効果によって、長期的に無理なく資産を増やせる

2については後の章で詳しく説明しますが、ここまでの内容と関連して1のしくみからお伝えしておきます。

日本の所得税は、大きく「総合課税」と「分離課税」に分かれています。

総合課税の場合、「超過累進税率」といって、所得金額に比例して税率が高くなります。所得税の税率は5〜45%までの幅があり、さらに復興特別所得税と住民税がかかってくるため、**トータルの最高税率は50.8%にも上ります。**

一方、株式や投資信託などの売却益や配当（以下「運用益」）

にかかる所得は、原則として分離課税で、税率が一律です。運用益にかかる所得税の税率は15%、さらに住民税、復興特別所得税を合計しても税率は一律20.315%なので、たとえ億単位の運用益を得ても、税金は2割程度で済むのです。

総合課税と分離課税の違い

総合課税 全ての所得を**合算して計算する**	**税率** 5〜45%
分離課税 他の所得と**合算しない** （株式・投資信託・FXなど）	**税率** 15%

総合課税は給与とも合算されてしまうので、収入全体にかかる所得税の税率を大きく上げてしまう可能性があります。一方で、分離課税なら一律15%。どれだけ稼ごうが変わらないので、稼げば稼ぐほどお得なのです。

また、株式の配当は確定申告することで、総合課税で税金を計算することもできます。所得金額が低い人の場合、分離課税よりも総合課税のほうが税金が下がる可能性があるので、有利な方法を選択できます。

このほか、NISAやつみたてNISA、iDeCo（個人型確定拠出年金）という、運用益を非課税にする制度もあり、これらを使えばさらに税負担を抑えられます。

お金持ちほど投資で税負担を抑えている

資産運用が税金的に有利であることに、多くのお金持ちは気づいています。そのことがわかる資料を見てみましょう。

〖 申告納税者の所得税負担率 〗

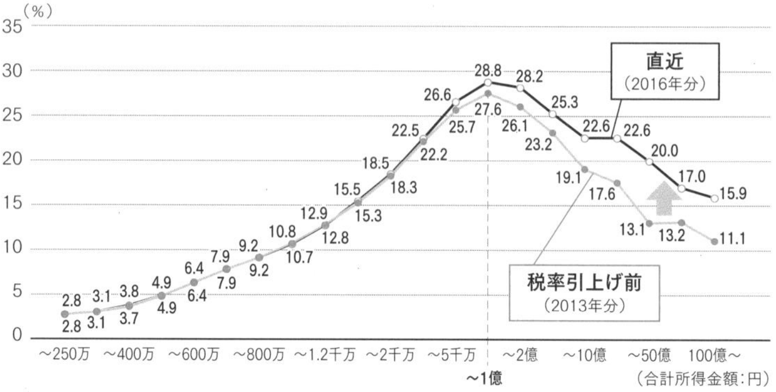

出典：内閣府税制調査会「貯蓄･投資等に係る税制について」(2018年)

収入に比例して税金の負担率が増えていたのが、1億円を頂点にして右肩下がりに。分離課税による節税効果を活かしていることがわかります。

これは日本の納税者の所得税の負担率を示したものです。横軸が所得金額で、右に行くほど高収入ということです。そして縦軸は所得金額に占める所得税の負担率を示しています。

グラフを見るとわかるように、合計所得金額1億円までは、グラフの線が右肩上がりになっています。これは累進税率によって所得が増えるほどに所得税の負担率が高くなるからです。

ところが、1億円を超えると、逆に右肩下がりになっているのがわかるでしょうか？　この現象は「1億円の壁」と呼ばれています。

これを見て不思議に思いませんか？　普通に考えれば、1億円を超えてから所得税の負担率が下がることはないはずです。

なぜこのようなことが起きるかというと、**高所得者が株式などの運用益を得て税率を低く抑えているのが理由です**。

給料や事業などの収入を増やそうとすると、累進税率のため税負担の割合はどんどん高くなっていきます。**でも、株式などの運用益を増やせば、何十億という利益を得ても税率は20.315%より上がることはありません**。

つまり、ある程度の収入がある人は、仕事で金を稼ぐよりも、投資でお金を稼ぐことで、税負担を抑えているのです。

なお、日本の税制を取り仕切る政府税制調査会が、2022年10月の会合で「1億円の壁」について「正当化は難しい」と問題視したとの報道がありました。その後、高所得者を中心に資産運用の税制にメスが入る方針が示されました。

その一方で、岸田文雄首相は「資産所得倍増」を打ち出しており、資産運用を支援する税制優遇制度「NISA」の拡充などが議論されています。

総合的に考えれば、日本政府は、日本人が保有する預貯金を資産運用に誘導したいと考えているため、**今後も投資に関連するさまざまな税制優遇措置が継続されると予想されます**。

社会保険料の負担も資産運用で解消できる

資産運用は税負担だけでなく社会保険料の負担を抑えるうえ

でも効果的です。

というのも、先ほど少し触れた給与所得者の社会保険料の根拠となる**標準報酬月額の計算には、株式等の運用益は影響しないからです**。

先ほど説明したように、標準報酬月額は、基本的に毎年4月から6月に受け取った給料の平均値によって求められます。そのため、この期間はなるべく残業を減らした方が良いという考え方をする人もいるほどなのですが、株式等の運用益はこの値に関係しません。いくら儲けを出そうが、社会保険料が上がる心配がないのです。

給与所得者ではなく、国民健康保険に加入している自営業の人や学生、無職の人などは注意が必要で、通常通り株式等の運用益を確定申告すると、国民健康保険料が上がってしまいます。

ですが、この点についても対処が可能で、**株式などの取引を特定口座（源泉徴収あり）というタイプの口座で行えば、確定申告をする必要がなくなります**。これにより国民健康保険料の計算基準から運用益を外すことができるので、保険料がアップすることを防ぐことができるのです。どのような条件の人でも、資産運用は税制と社会保険料の観点で有利なお金の増やし方だと理解できるはずです。

預金だけでお金は増やせない

私が相続税の申告書チェックや税務調査を行っていて知ったのは、**預貯金だけで億単位の財産を築ける人はほぼいない**ということです。

株式や投資信託、貸付用不動産といったように、何かしらの投資を行っている人が大半で、投資から得る運用益から多額の資産を築いていました。

日本は世界的に見ても資産に占める現金・預金の割合が高い国です。政府は「預金から資産形成へ」とのスローガンのもと投資を促していますが、今も預金の割合が高い状況は変わっていません。

海外と比べた家計の金融資産構成

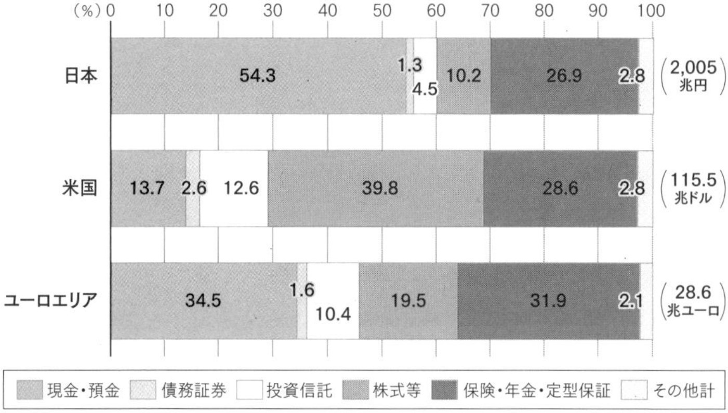

出典：日本銀行調査統計局「資金循環の日米欧比較」(2022年)

日本人はおよそ半分もの額を現金で保有。一方、海外、特に米国はほとんどが株式等の金融商品で保有されていて、預金はわずかなのです。

それは、海外の場合は長期で資産形成を行う重要性が認知されている一方で、日本では資産運用といえば、一攫千金を狙う

手段として認識されがちであることも関係しているはずです。

この誤りを正し、長期的に投資をする人を増やしたいからこそ、政府は金融商品の税制優遇措置を進めているのです。

日本における年度毎の家計の金融資産

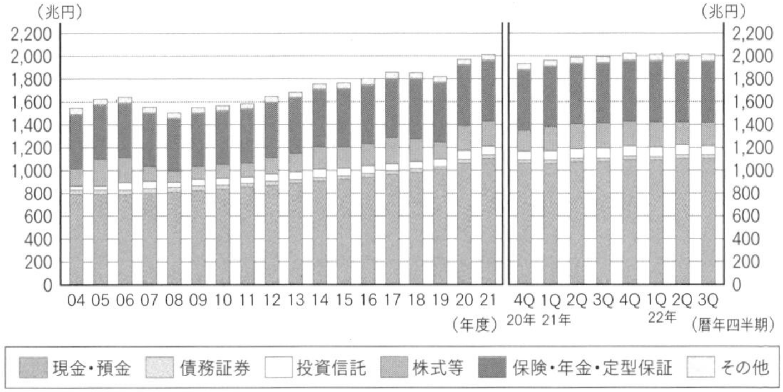

出典：日本銀行調査統計局「参考図表2022年第3四半期の資金循環（速報）」

「貯蓄から投資へ」のスローガンが叫ばれていながら、日本の金融資産保持比率は約20年もの間そこまで変わっていません。投資をする人を増やしたいからこそ政府は金融商品の税制優遇措置を推進しているのです。

預金の問題は、得られる利益（リターン）が非常に少ない点にあります。

普通預金は0.001%、一定期間お金を預けることで金利が優遇される定期預金でも0.002%程度の金利となっています。

仮に金利0.002%の定期預金に毎月積み立てたとして、65歳までに2,000万円の財産を築こうとした場合、どれくらいのお金が毎月必要なのかを見てみましょう。

定期預金ではなく投資信託に積立投資をした場合と並べてみましょう。投資信託のリターンは定期預金のように確実ではありませんが、長期的に4%程度は十分に狙えると考えています。

【2,000万円を蓄えるために必要な積立額(月額)】

積立期間	定期預金(金利0.002%)	積立投資(金利4%)
10年	16.66万円	13.58万円
20年	8.33万円	5.45万円
30年	5.55万円	2.88万円

このように比べてみると、預金で老後資金を貯めるよりも、投資をしたほうが無理なく続けられることがわかります。

しかも、預金の利子には原則として20.315%の税金がかかりますが、投資信託であればつみたてNISAやiDeCoなどの制度により、ある程度まで非課税で運用することができます。

ところでみなさんは「72の法則」という言葉を聞いたことがあるでしょうか。

これは、72をリターンの割合で割ると、「何年で元本が2倍になるか」がざっくりとわかるというものです。

たとえば年率6%で資産運用をしたのであれば、「72÷6＝12」となります。つまり、100万円を年率6%で運用すれば、12年後には200万円になっているということです。

この算式に普通預金の金利である0.001%を当てはめてみましょう。

「72 ÷ 0.001 = 72,000」ということは、**普通預金で預けたお金が2倍になるには72,000年も待たなければいけないということです**。

このことを見ても、預金で資産を育てるのは現実的ではありません。生活を送るうえである程度の預金は必要ですが、遠い将来の老後資金を育てる意味では、投資に目を向けたほうがいいのです。

これから先、日本の金利は上がらない

銀行預金の金利は変動します。ですが、日本の金利に関しては、今後も大きく上がることは考えにくいです。そのことを理解するために、金利が動くメカニズムを簡単に理解しておきましょう。

そもそも金利とは何かご存じでしょうか。金利はお金の貸し借りによって、発生する利息のことで、借り手側から貸し手側に支払われます。たとえば預金なら、私たちは単純にお金を銀行に預けていると考えてしまうかもしれませんが、それは違います。

預けたお金を元に、銀行は他の人にお金を貸したり、金融商品を販売したりといった商業活動を行います。私たちは銀行にお金を貸しているのです。今は超低金利なので意識しづらいのですが、銀行に預金をすると、必ず金利が発生します。

日本の中央銀行である日本銀行は、預金に限らず、この金利をコントロールしています。日銀と民間金融機関との間で資金貸し付けなどの取引を行い、市場の資金量を増減させることで、

金利を操作しているのです。このような方法を「公開市場操作」といいます。

日銀がこのように金利をコントロールしているのは、金利には、景気を調節する機能があるからです。

金利が低くなるとどのようなことが起こるでしょうか。お金を借りても利息が少なくて済むので、個人や企業はお金を借りやすくなります。そのためローンなどを利用した消費が活発になり、景気の上昇につながります。

さらには市場に多くのお金が出回ることで株式投資が活発化し、株価上昇にもつながります。そのため、不景気のとき、日銀は金利を下げようとするのです。

逆の場合はどうでしょうか。景気が回復すると、日銀は金利を上げて対処しようとします。「なぜ景気回復が問題なの？」と思うかもしれませんが、景気が急速に良くなると、物価上昇などから生活に支障をきたすおそれがあるからです。

金利が上がると、お金を使わずに預金する人が増え、ローンも使いにくくなる。その結果、消費が抑えられ景気の過熱を防げるというしくみです。

では、現在の日本はどのような状況かというと、歴史的な低金利となっています。1999年に「ゼロ金利政策」が導入され、2016年以降は「マイナス金利政策」が継続しています。そして今や一般的な普通預金の金利は0.001％という、かつてない低金利。これは、日本の景気を良くしようとして日銀が取り組んだ結果です。

マイナス金利政策のもとでは、銀行は日銀にお金を預けると、その預金の一部について逆に金利を負担することになります。すると銀行は日銀に預けていたお金を引き出し、企業などへの貸出や投資を増やす方向にインセンティブがはたらきます。

〖日銀による金利の操作〗

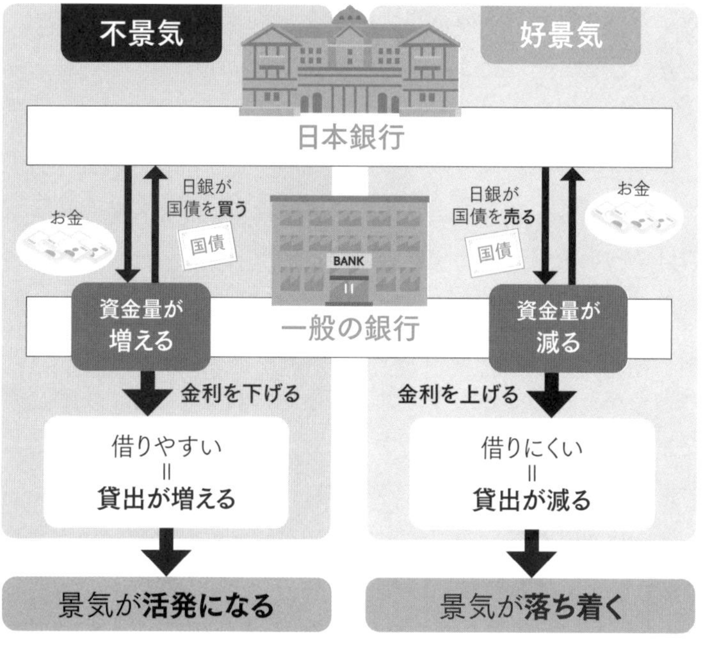

金利を下げる=お金が借りやすくなり貸出が増える=景気が活発になる
金利を上げる=お金が借りにくくなり貸出が減る=景気が落ち着く
こうした作用が働くため、日銀は金利をコントロールするのです。

こうして世の中に出回るお金を増やし、景気の回復につなげようというのが、日銀の狙いだったのです。

ところが、**ゼロ金利政策が導入されて24年が経った今も、日本は決して好景気と呼べる状態ではありません。**これだけの努力をしながら景気が良くなっていないことを考えれば、いかに景気回復が厳しいかもおわかりいただけるはずです。

今なお不景気が続く日本では、日銀としては金利を上げようにも上げられない状況のため、私たちの預金金利がかつてのように上がることは期待できません。低金利が続く以上、やはり日本では、預金はお金を増やすのに向かない方法なのです。

なぜ海外との収入差が広がっているのか。ここまで日本人が抱えているさまざまな問題を紹介してきました。それでも、「今は生活できているから大丈夫」と思う人がいるかもしれません。

たしかに、日本はデフレが続いたことで物価が低く抑えられています。600円もあればランチには十分ですし、100円均一で日用品を揃えることもできます。

ただ、物価が低い状態がいつまで続くのかはわかりません。**実際、2022年以降、ウクライナ危機によるエネルギー価格高騰などの影響から、日本でも物価が高まってきています。**

海外に目を向けると、多くの国が経済成長にともなって日本と比較にならないほど物価が上がっています。たとえば海外進出をしたダイソーの商品は、日本円に換算すると100円以上の価格がついています。

海外の物価の高さは、「ビッグマック指数」という数値を見るとよくわかります。マクドナルドのビッグマックは全世界でほぼ同じ品質で提供されているので、ビッグマックの値段には人件費や光熱費といった経済状況が如実に反映されると考えられて、生み出された理論です。各国のビッグマックの価格を比べると、国の物価水準が相対的に理解できるという考えです。

2023年1月に更新されたビッグマック指数を見ると、トップのスイスでは日本円に換算して944円でビッグマックが販売されていました。これは日本に住む人なら「高い！」と思われるのではないでしょうか。

しかし、実際は日本が安すぎるのです。日本のビッグマックは2023年1月のビッグマック指数更新の時点で410円で、これは世界41位です。

2022年に入ってからは急速な円安が進んだこともあり、食品やティッシュなど、さまざまなものが値上がりしました。日

【2023年1月時点のビッグマック指数】

順位	国名	ビッグマックの価格（円）
1位	スイス	944
2位	ウルグアイ	891
6位	アメリカ	697
8位	オーストラリア	665
30位	韓国	516
31位	タイ	507
36位	中国	460
41位	日本	410

アジアで比較しても、韓国、タイ、中国が日本よりも価格は上位。値上げラッシュが続いていますが、海外に追随してさらなる暴騰があってもおかしくありません。

本のマクドナルドも値上げを行っており、ビッグマックの価格は2022年7月に390円でしたが、9月には410円に。2023年各国のビッグマック指数更新後の1月16日になると450円に上がりました。

経済がグローバル化した今、私たちはさまざまな商品を海外から輸入して使っています。そのため、日本人は不景気で収入が上がらないのに、物価高で支出が増えるという困った状況に置かれているのです。

バブル崩壊までの日本は、多くの会社の業績が成長していたので、「大きな会社に勤めていれば安泰」という意識が一般的でした。定年まで会社に勤めていたら、老後は退職金と年金だけで十分に暮らしていける、という時代です。

ところが、多くの人が知るように、バブル崩壊以降、日本で働く人の経済状況はあまり良くなっていません。それは、私たちがもらう給料水準からもうかがい知れます。

政府の調査によると、日本人の平均給与はいまだに1992年の水準を超えていません。海外と比較しても、残念ながら日本の給料が明らかに伸びていないことがわかります（次のページを参照）。

日本人の給料が上がらないからといって、生活費も変わらないということはありません。このまま日本の経済成長の停滞が続くと、ますます私たちは貧しくなってしまうのです。

この状況を少しでも緩和するには、**海外の株式や投資信託などに投資をして、海外の経済成長を自分の資産に流し込むことが有効です**。

日本人の平均給与の推移

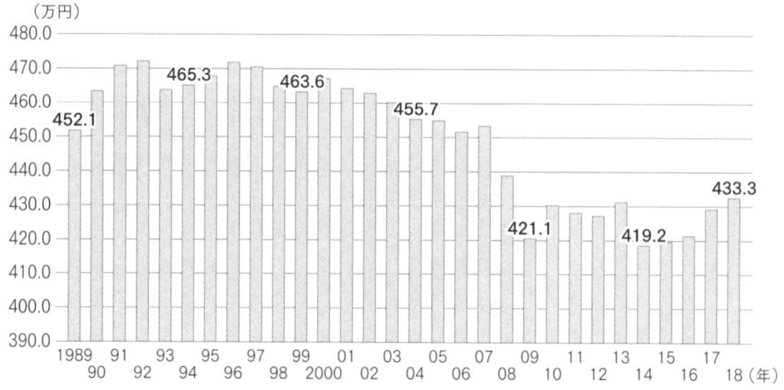

出典：厚生労働省「令和2年版 厚生労働白書」

海外と比較した実質賃金指数の推移

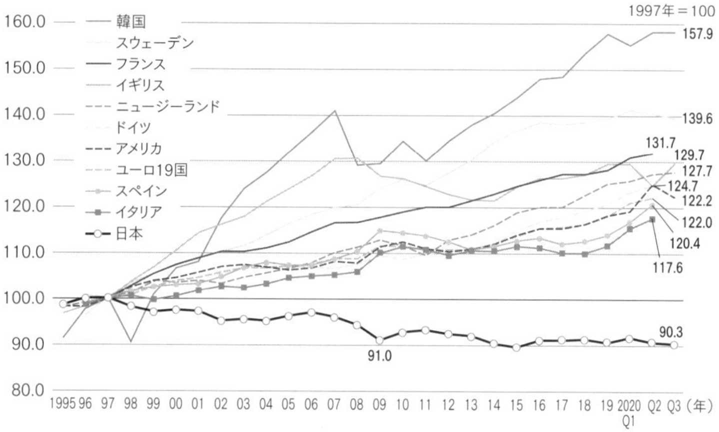

出典：全国労働組合総連合ホームページ「予算委員会中央公聴会資料」

各国の平均給与が長期的に伸びている一方で、日本の給与水準は低下。90年代から経済成長が頭打ちになっていることがわかります。

日本には金融教育の発展が急務！

日本人が投資に消極的な理由に、金融教育の遅れがあると金融広報中央委員会などが指摘しています。

現在、日本の金融教育は節目を迎えており、2022年4月から高校で家庭科の授業として「お金」に関する教育が必修となりました。

〖2022年に追加された金融に関する新たな学習指導要領〗

	社会	家庭分野
中学	金融などの仕組みや動きを理解する	計画的な金銭管理の必要性について理解する
	公民科	**家庭科**
高校	金融を通した経済活動の活性化についても触れる。多角的・多面的に考察、構想し、表現する	生涯を見通した経済の管理や計画の重要性について、ライフステージや社会保障制度などと関連付けて考察する

学習指導要領の内容を読むと、家計管理や、金融商品の特徴、老後の備え、商取引のリスクなど、実践的な内容が盛り込まれています。

私も子どもがいますが、親から子に金融教育を行うのは簡単ではありません。学校という場で金融教育が行われることについては、推奨すべきことです。この取り組みがうまくいけば、就職してすぐに投資を始める若者も増えていくことでしょう。

さて、ここで問題になるのが、十分な金融教育を受けてこなかった世代の人たちです。**今なお日本で根強い「お金は銀行に**

預けるのが一番」という思い込みをアップデートできずにいると、物価高や年金の削減などのさまざまな問題を乗り越えられません。

厳しい時代を生き抜くためには資産運用が不可欠

長寿化が進む今、老後資金の確保は誰にとっても重要な問題です。しかし、給料や退職金だけに頼れる時代ではなく、銀行に預けていてもお金は増えません。

そこで、もっとも現実的な解決策になるのが、「資産運用」です。

資産運用は、なんとなくお金のことに詳しい人にしかできないようなイメージがありませんか？　私も以前はそう思っていました。しかし、これは間違いです。

資産運用の手段は多様で、たしかに追求すれば奥が深い世界です。**でも、長期的にじっくり資産を育てていくスタンスなら、難しい領域に踏み込む必要はありません。**

投資を行うメリットは、「時間を味方にできる」「リスクを分散できる」という2点です。

ここまで長寿化に伴い、老後資金が不足するおそれがあると書きましたが、人生が長いということは、それだけ投資で利益を得るチャンスも大きくなるということです。

また、日本の経済が停滞し、給料や退職金が減ったり、税金や社会保険料が増えたりしても、海外に投資をすることで、リスクを分散できます。たとえば海外の株式や投資信託に投資をして、その国が経済成長を果たせば、日本で経済が後退してもその恩恵を得られます。

お金を増やす上で一番大切なことは積み重ねだと言われます。厳しい時代に生きている私たちも、正しい行動を続ければゆとりのある老後に近づけることができるのです。

Column

日本の年金の歴史

日本で年金制度がスタートしたのは1942年ですが、当時は自営業者や農家など年金を受けられない人が少なくありませんでした。その後約20年の時を経て1961年から国民全員が年金をもらえるようになります。

では、年金をもらえなかった当時の高齢者がどうしていたのかというと、自己資金や家族の援助に頼っていました。このように主に家族で高齢者の生活を支えることを「私的扶養」といいます。

しかし、戦後の日本では、親元で暮らさず都市部に出ていく若者が増えるにつれ、徐々に私的扶養が現実的ではなくなっていきます。平均寿命も伸びたため、子どもが仕送りを続けるのが厳しい状況になっていったのです。

そうした社会背景から生まれたのが、現代に続く公的年金制度です。

日本の公的年金は、現役世代が年金保険料を納め、これを高齢者等の年金とすることで、社会全体で高齢者を支えています。

最近は現役世代の人の間で公的年金に対する不信感が高まっていますが、これからも公的年金が老後の生活の要であることは間違いありません。

また、公的年金があることで両親や祖父母に対する仕送りの

《 高齢者を支えるしくみの時代的変化 》

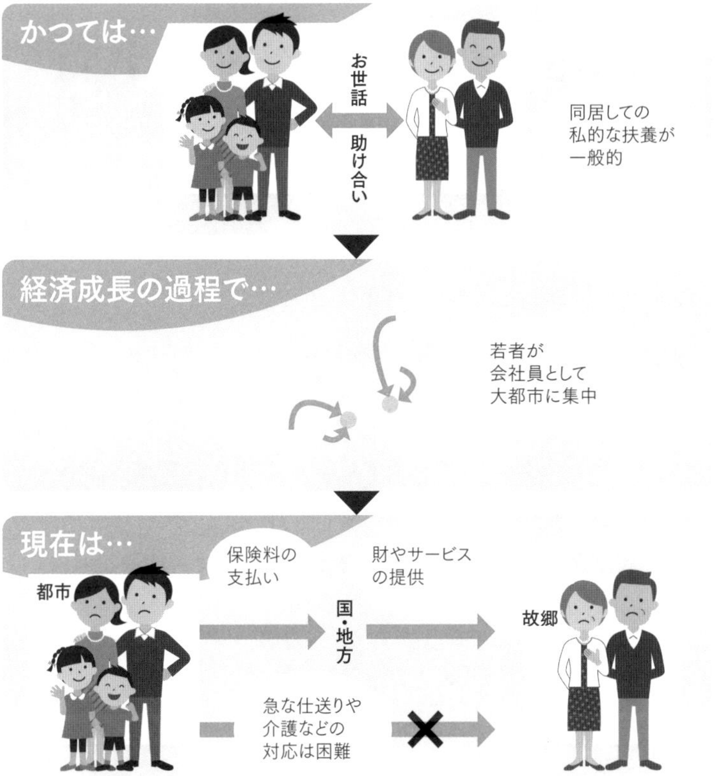

負担を抑えられていると考えると、現役世代の人にとっても公的年金の存在は欠かせないものなのです。

その一方で、日本の年金には構造的な問題があります。先に述べたように現役世代の保険料負担で高齢者を支えているため、少子高齢化の日本においては、今後支える側の人口が減ることで将来的に年金保険料が増えたり、年金の受給額が減ったりする可能性は十分に考えられます。

第 2 章

ちょっとだけ生活を変えれば お金が増える

お金の増やし方は3種類

今の日本で老後を見据えると、資産運用が欠かせません。

そこでまず取り組みたいのが、運用資金の確保です。基本として次のプロセスを意識しておきましょう。

1　働いて得る収入を増やす
2　無駄な支出を減らす
3　1と2で得たお金を投資する

働いて収入を得るのは基本中の基本です。ただ、説明したように今は労働収入だけでは心もとない時代です。

3つのプロセスはどれかひとつに特化させるのではなく、満遍なく取り組んでいくことが大切です。

たとえ会社の給料が減ったとしても、支出の減らし方や正しい資産運用の知識があれば損失は補えます。逆に投資で少しの損が出たときも、副業などによる収入アップや節約で補うことができます。このように複数の方法を考えて安心感を保つことは、長期投資を続けるうえでとても大切なことです。

3つのプロセスにこれから取り組む人は、1、2、3の順番で取り組むのが正しい順番です。投資を始める前に1と2のプロセスを意識しながら、生活費1年分程度のお金を、いざというときのための緊急資金として貯めておくことをおすすめします。

3つを軸にするには、一刻も早く投資を始めた方が良いのではないか、と考えるかもしれません。しかし、**実は緊急資金がゼロの状態で投資を始めてしまうと、損をしやすくなってしまうというデータがあります**。投資で安定的にお金を増やすには、数十年単位でじっくり落ち着いて長期投資をする必要があるからです。

緊急資金がある程度あれば、投資した金融商品が一時的にマイナスになっても落ち着いて投資を続けられるはずです。ですが、有り金をすべて投資につぎこんでしまうと、一時的な損失でも大きな不安感を生んでしまいます。その結果、本来は売るべきではないタイミングで株を売ったり、インターネットなどの儲け話に心を動かされて高リスクな投資に手を出してしまったりする可能性があります。

これは2002年にプリンストン大学のダニエル・カーネマン博士によって発表された「行動ファイナンス理論」にもまとめられています。人は利益を追求するために常に合理的な判断ができると考えられがちですが、時には感情によって非合理な行動を起こしてしまうものです。

投資において何よりも大切なことは感情のコントロールです。長期投資を継続するためにも、まずは仕事や生活を見直して緊急資金を貯めてください。ここで身についた生活態度は、投資を続けるうえでも必ず役立ちます。

副業は特別なことではない

お金を増やすためにまず考えたいのが、「本業から得られる収入」を増やすことです。

たとえば、より条件の良い部署に異動希望を出したり、仕事で良い成績をあげたりすることで、今の収入を増やせるかもしれません。会社によっては役職手当や資格手当のように、特定の条件で給料がアップするしくみがあるので、そうした手当を狙ってもいいでしょう。

とはいえ、これは誰にでもできることではありません。勤め先によっては収入アップが難しい場合もあり、とくに公務員のような年功序列賃金の勤め先の場合、若いうちは収入を増やすのが困難です。

さらに、2020年4月以降は働き方改革関連法により、企業の規模にかかわらず原則月45時間を超える残業が規制されています。そのため、あえて忙しい部署に異動希望を出して残業代を稼ぐという方法も今は難しいでしょう。

そこで視野に入れたいのが、「副業」です。もし勤務先で副業が禁じられていないのであれば、平日の夜や週末の時間を使って副業にチャレンジしてみてはどうでしょうか。

厚生労働省の資料を見ると、副業をしている人は増加傾向にあり、今後はますます複数の仕事で稼ぐことが当たり前になっていくでしょう。私の友人にも、大手企業の会社員でありながら週末に飲食店を経営している人や、ライター業をしている人がいます。

〖副業希望者(左)と副業者数の推移(右)〗

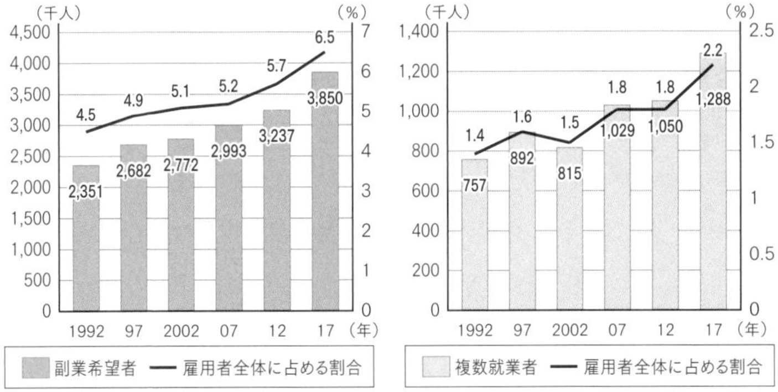

出典：厚生労働省「副業・兼業の現状」(2018年)

今では短時間で行える仕事が増えたこともあり、副業の就業率は増加傾向。人手不足も手伝って、副業がしやすい環境に移行しつつあります。

今は、インターネットを使って自宅にいながら稼ぐことも可能です。クラウドソーシングサービスでデザインやライティングなどの仕事を請け負ったり、自分の知識や経験を生かしてブログなどで広告収益を得たりという方法が考えられます。

私の場合、本業はライターですが、ブログやYouTubeからも収入を得ています。決して大きな収入ではありませんが、本業以外で収入を得ることは、金銭的、精神的なゆとりにつながると感じています。

複数の金融商品に投資をする「分散投資」は投資の王道です

が、これは働き方にも通じます。複数の収入源があれば、生活はより安定するでしょう。

ライフイベントに合わせて生前贈与を活用する

「自分のお金を増やす」という意味で、生前贈与の活用も視野に入れておきたいところです。両親などから財産を譲り受ければ、これを投資の運用資金にあてることができます。

このときに考えておくべきは、「贈与税」について。贈与があったとき、あげた人を「贈与者」、もらった人を「受贈者」といいますが、受贈者には贈与税がかかる可能性があります。

贈与税の計算方法には「暦年課税」と「相続時精算課税」という2つのタイプがあり、このうち原則的な方法が暦年課税です。暦年課税の場合、「年間110万円までの贈与は非課税」になるのですが、その金額を超えると金額によって10〜55%の税率で贈与税がかかります。ですから、まずは年間110万円以下の生前贈与から実行するといいでしょう。両親が元気なうちにこれをコツコツと行うことができれば、もしもの事態に備えることができます。

そして、年間110万円を超える生前贈与を受けるのであれば、贈与税の特例を使えないか検討してみましょう。本書で詳しく解説はしませんが、以下のようなライフイベントに合わせて生前贈与を受けることで、贈与税の非課税枠を増やすことができます。

・住宅取得

・教育
・結婚
・子育て

親に対して生前贈与の話をもちかけるときは、「相続税対策」として生前贈与が有効であることを伝えておくといいかもしれません。

相続税は、相続財産の金額などに基づき計算されます。つまり遺産が多ければ多いほど、相続税がかかるということです。相続税は一般の人に馴染みのない税金ですが、ほとんどの人が親からの相続を一度は経験します。そのとき、親が多くの財産を遺して亡くなると、多額の相続税がかかるおそれがあります。その対策を考えるうえで、生前贈与を検討してみてください。

ただし、「相続開始前3年以内の生前贈与」は相続税の計算に含まれる点に注意してください。生前贈与を行ったものの、3年以内に親が亡くなってしまった場合、それは相続税がかかる相続財産として扱われてしまうのです。しかも、税制改正によって、2024年以降は相続開始前7年以内の生前贈与も相続税の対象として加算されることになりました。

また、親が認知症になり意思能力がないと判断されれば、生前贈与そのものができなくなりますから、両親が元気なうちに時間をかけて行うことが有効です。生前贈与の準備はできるだけ早めに行うようにしましょう。

家計の見直しは固定費の削減から

ここまで収入の増やし方を説明してきましたが、すぐに取り組めるという意味では支出削減のほうが効果的です。

お金を稼ぐことに比べて、お金を使うことははるかに簡単だということは、多くの方が実感されるのではないでしょうか。無駄遣いがあるのであれば、これをいかに減らせるかが、資産運用に取り組むうえで重要です。

支出削減のために最初に取り組みたいのが、「固定費」の節約です。固定費とは、以下のように毎月かかる費用をいいます。

・家賃
・保険料
・サブスクリプションサービス（動画や音楽など）
・携帯電話料金

固定費が怖いのは、普段は支払っている意識がないことです。ためしに、あなたがこれら固定費に毎月支払っている金額を思い浮かべてみてください。きっと、はっきりと答えられないのではないでしょうか。**支払っている意識がないのに、家計の大きな負担になっている**。これが固定費の特徴であり、真っ先に見直すべき理由なのです。

固定費の見直しが効果的なのは、一回の行動が長期的な節約につながるからです。たとえば保険や携帯電話料金などを見直して、毎月2万円の固定費を浮かせたとしましょう。これは30年間で720万円ものお金を節約できることになります。これだけのお金を、たとえば食費の節約で貯めようとすると、かなり大変です。

携帯電話を例にとって考えてみましょう。月々携帯料金に1万円を使っていたとします。最近注目を集めている格安SIMなら、プランによっては、ひと月あたり1,000円以下に抑えることも可能です。自分が使う月々の通信料によって適切なプランを検討する必要がありますが、大手に限らずさまざまな情報を集めることが重要です。

固定費を見直して浮いたお金は、投資にまわすことで増やすことができます。月2万円の積立投資を30年間続け、仮に平均利回り5%で運用したなら、約1,665万円になる計算です。そのように考えると、できるだけ早く無駄な固定費をストップすることが、将来に大きな影響を与えることがわかります。

固定費を見直すためには、月に1度は支出チェックを行うと無駄に気づきやすくなります。預金通帳やクレジットカードの明細を見たり、マネーフォワードなどの家計管理アプリを使ったりして、1ヶ月間の固定費に無駄がないかをチェックしてください。

こうして無駄な固定費を洗い出したら、すぐに支払いをストップしましょう。**後回しにしていると忘れてしまうので、今すぐにやらなくてはいけません。**

固定費につながる支払いをするときに、慎重に考えることも大切です。たとえば家を引っ越すとき、携帯電話や保険の契約をするとき、動画配信などのサブスクリプションサービスに加入するときなど。「月500円だからいいか」「無料期間があるから試してみよう」などと安易に考えてはいけません。

《積立金額と運用成果（想定利回り：年率5%）》

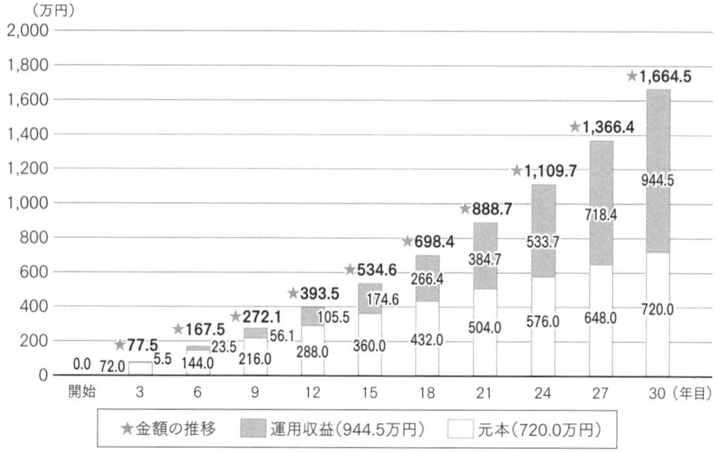

出典：金融庁「資産運用シミュレーション」により算出

月々2万円節約するだけで、長期スパンで見れば大きな財産になります。一度自分の頭の中で固定費を10年払い続けた場合をシミュレーションしてみると効果的でしょう。

保険のタイプの違いを知らなければ、大損につながる

固定費として保険の見直しは有効です。必要のない民間の保険を解約したり、保険料の安いものに切り替えたりすることが、節約につながります。とはいえ、むやみに減らすと、いざというときの保障がなくなるのは心配です。

悩ましいのは、「この保険に入っておけば大丈夫」と一概に

言い切れないことにあります。あらゆる状況に対処できる保険は存在せず、人それぞれ、健康状態や家族構成、リスクに対する恐怖心などが違うので、一律の答えを出せません。

そこで、代表的な保険である、生命保険から考えてみます。生命保険のタイプには、大きく分けて以下の3つのタイプがあることを押さえておきましょう。

1　終身保険：一生涯続く保険。途中解約すると返戻金《へんれいきん》をもらえる

2　定期保険：一定の期間のみ保障される。保険料が安い。当初の保険期間がすぎると更新できるが、保険料が高くなる

3　収入保障保険：死亡した時期により、遺族がもらえる保険金の額が変わる。死亡時の年齢が高いほど、もらえる保険金は減る

このうち、どのタイプがいいのかを自分で考えてみましょう。一生涯の保障がほしいのであれば終身保険、保険料を抑えたいのであれば定期保険や収入保障保険というのが、基本的な考え方です。

生命保険とは、被保険者が死亡した際に支払われるものですから、自分よりも残される家族のことを考える必要があります。

冷静に考えれば独身の人は生命保険に入る必要性はほとんどありません。自分が亡くなったとしても、生活に困る人がいないからです。

でも、配偶者に収入がない場合や、小さなお子さんがいる場

合は違います。たとえば私が入っている生命保険は収入保障保険のタイプなのですが、これは子どもが小さいうちは保障を手厚くし、彼らの成長に合わせて保障を抑えるタイプです。

また、**住宅ローンを組む場合に加入する「団体信用生命保険」も有効です**。この保険は、住宅ローン返済中に契約者に万が一のことがあったときに、住宅ローン残高をゼロにしてくれます。

もし世帯主である私が死亡したとしても、収入保障保険や団体信用生命保険によって、家族の当面の生活は保証されます。少なくとも、3人の息子が大学を卒業できるくらいの金額は保険金で賄えるはずです。そして、私が50代になり息子たちが独立する頃には、収入保障保険の保険期間が終わり保険料の支払いがなくなります。

このように、生命保険は家族構成や年齢をもとに考えることで無駄をなくすことができます。

公的医療保険をチェック。不足分のみ民間医療保険でカバー

次に医療保険について説明します。医療保険は、「入院日額5万円」「手術時20万円」といったように、病気や怪我で入院をしたときなどに保障してくれるものです。病気や怪我はいつ何時起きるかわからないので、医療保険があれば心強いのは確かですが、医療保険は無駄になりやすい保険でもあります。そもそも健康であれば保険金を受け取ることは基本的になく、公的な医療保険で足りるケースもあるからです。

日本に住んでいれば、必ず公的医療保険に加入しています。

働き方により公的医療保険の種類は違いますが、会社員などの健康保険の場合、以下のような保障が設けられています。

【健康保険の主な保障】

- ・療養費：自己負担が原則3割（70歳から2割）になる
- ・高額療養費：1ヶ月分の自己負担額が限度額を超えると、超過分が戻ってくる
- ・傷病手当金：病気や怪我により会社を休むと、最長1年6ヶ月にわたり給料の3分の2が支給される
- ・出産育児一時金：出産時、子ども1人につき42万円を支給（2023年4月より50万円に増額の見込み）

会社員なら個人での契約を検討する前に、自分が加入している健康保険を必ずチェック。家族の構成によってはこれで十分というケースもあります。

医療保険を考えるとき、とくに意識しておきたいのは高額療養費です。「大きな病気や怪我をしたらどうしよう」という不安は誰にでもあるものですが、実は高額療養費によりかなりカバーされます。

高額療養費は、医療費が自己負担限度額を超えると、超えた部分は全額補償してもらえるというものです。入院時の食事代のような費用は高額療養費の対象にはなりませんが、基本的な治療費や薬代などであれば広くカバーされます。

《 69歳以下における医療費の自己負担上限額 》

	適用区分	ひと月の上限額（世帯ごと）
ア	**年収約1,160万円～** 健保：標報83万円以上 国保：旧ただし書き所得901万円超	252,600円＋（医療費－842,000）×1％
イ	**年収約770～約1,160万円** 健保：標報53万～79万円 国保：旧ただし書き所得600万～901万円	167,400円＋（医療費－558,000）×1％
ウ	**年収約370～約770万円** 健保：標報28万～50万円 国保：旧ただし書き所得210万～600万円	80,100円＋（医療費－267,000）×1％
エ	**～年収約370万円** 健保：標報26万円以下 国保：旧ただし書き所得210万円以下	57,600円
オ	住民税非課税者	35,400円

※健保＝健康保険、国保＝国民健康保険

出典：厚生労働省保険局「高額療養費制度を利用される皆さまへ」（2017年）

月々の医療費は上限が決まっているので、最低この金額を保有していれば問題なく医療を受けることができます。自分の年収と照らし合わせて、確認しておきましょう。

ちなみに高額療養費の自己負担限度額は収入などによって異なります。たとえば年収500万円の人が、1ヶ月で100万円の医療費がかかったとしましょう。この場合、高額療養費によって、自己負担は87,430円です。つまり差額の約91万円は公的医療保険がカバーしてくれます。

また、入院などのために仕事を休む場合は収入の減少が心配ですが、ここは会社員なら有給休暇や傷病手当金がある程度サポートしてくれます。有給休暇が残っていれば、休んでいても給料を満額受け取れますし、その後もしばらくは傷病手当金として給料の3分の2をもらえます。

このように公的医療保険による保障を知ることは、本当に必要な民間の医療保険を見極めるうえで大切です。公的医療保険だけでは保障が不足していると感じるのであれば、不足するものだけ民間の医療保険でカバーする。こうして無駄な保険料を支払わないようにするのです。

無駄なく保険に入るには、「共済」というタイプのものがおすすめです。たとえば東京都に住んでいる、あるいは勤務地が東京都にある満18〜満64歳の健康な人であれば都民共済に加入できます。こうした**共済保険は保険料が割安になっており、しかも保険料の一部が割戻金として返ってきます**。

自動車保険と火災・地震保険には絶対に加入するべし

公的な保険でカバーしきれないところを、民間の保険で補う。このセオリーに照らして、確実に入っておきたいのが自動車保険と火災・地震保険です。

自動車事故や火災、地震はめったに起きませんが、起きると損害額が甚大になります。かつ、医療保険とは違って公的な補償は十分ではありません。

たとえば車に乗って人身事故を起こすと、億単位の損害賠償金を求められる可能性があります。しかし、自動車に乗る人が強制加入となる自賠責保険は被害者1人あたり4,000万円の補償が限度です。したがって、自賠責保険で足りない分は民間の自動車保険で補う必要があります。少なくとも対人補償と対物補償は無制限にしておくべきでしょう。

次は、火災保険と、火災保険とセットで加入できる地震保険。こちらは、自宅が火災や地震の被害にあったときに補償してくれる保険です。

日本は災害が多い国ですから、家屋の損壊に備える必要があります。住宅ローンの残っている自宅が損壊してしまうと、ローンを返しながら、新たな住まいの費用も支払うことになってしまいます。そうしたピンチを避けるためにも、火災保険と地震保険は必要なものとして考えておいたほうがいいでしょう。

火災・地震保険料の節約に役立つのが、2～10年ほどの保険料を一括で支払う「長期一括払い」です。長期一括払いにすると長期割引が適用されます。また最近は日本で災害が多発しており、保険料率が上昇傾向にあるので、その意味でも保険料率が低いうちに長期加入するのがおトクです。

住宅ローンをめいっぱい借りるのは危険

固定費のなかでも、住居費は大きな割合を占めています。住宅ローンの返済や家賃などにお金を掛けすぎると、間違いなく家計が苦しくなります。

とくに家を購入する場合は、慎重に考えなくてはいけません。賃貸であれば節約のために家賃の低い場所に引っ越すことができますが、持ち家だとそう簡単に転居できないからです。

そこでまず心がけたいのが、「住宅ローンをめいっぱい借りない」ということ。

どれくらいの住宅ローンを借りられるかは、その人の収入などによって変わりますが、**世帯年収の約5倍が基本的な目安と**

なっています。つまり世帯年収が1,000万円なら、5,000万円までの住宅ローンを組めるということです。

でも、必ずしも住宅ローンを満額借りる必要はありません。あえて自宅のスペックや立地などの条件を下げて、住宅ローンを抑えてもいいのです。

昨今は住宅ローンが歴史的な低金利が続いたこともあり、「たくさん借りなければ損」という気持ちになりがちです。でも、住宅ローンはあくまで借金であり、月々の返済額が大きくなれば、やはり生活に影響します。高すぎる住宅ローンを組むと、それだけで投資資金を捻出できない状況になってしまいます。

ときどき、「高額な都心のマンションなどを、住宅ローンをフル活用して買って値上がりを狙う」という人がいますが、これが簡単にできたら苦労はしません。どういった不動産が値上がりするのか予測するのは難しく、そもそも買い手が見つからないおそれもあります。この考えは借金で手に入れたお金で、ギャンブルをしているのとあまり変わらないということを、理解しておかなければなりません。

やはり「住居費を抑える」ということを心がけ、浮いたお金を使って長期投資をするほうがハードルは低いのです。

日常生活には無駄がいっぱい

固定費を減らしたら、次は普段の生活のなかにある細かな無駄を減らしていきましょう。毎日の習慣になっているような支払いがあれば、本当に必要なのかを考えてみてください。

たとえばショートサイズのスターバックスラテを飲むと1杯

415円ですが、これを平日の朝に毎日飲むと年間10万円を超える出費です。結構大きな金額ですよね。コーヒーだけでなくタバコやゲームの課金など、ちょっとした金額のように見えて、習慣化するとかなりの出費になってしまいます。

私は国税職員時代に相続税調査を担当していたため、資産家の生活ぶりを知ることができました。そこで印象的だったのが、**資産家の多くが質素な生活ぶりだったことです**。彼らは、投資用の不動産や株式、教育費などに大金を使う一方で、ちょっとした無駄は徹底して避けていました。

投資の神様と呼ばれ、1,000億ドルを超える資産をもつとされるウォーレン・バフェットも、日常生活では倹約家として知られています。朝食ではマクドナルドばかりを食べて、散髪には10ドルしかかけていない、という彼の話は有名です。

現代は､小さな無駄遣いをしやすい環境になっています。「今日買えばポイント2倍」「1,000人に1人が全額キャッシュバック」といったキャンペーンを目にすることが増えていますが、そうした広告につられると無駄遣いが増えてしまいます。

会社に通勤するだけでも、広告を見ないでいることはできません。朝に見るテレビや新聞、通勤電車の車内広告、スマホアプリやメールなど。誘惑はそこら中にあります。

さらに近年は、特定のターゲットにインターネットから広告配信を行う「ターゲティング広告」が多く使われています。たとえばスマホを使っている際に、あなたの検索履歴や行動履歴は逐一データベース上に蓄積されています。その内容を元に、あなたの購買意欲を喚起するような、最適な広告が画面上に現れるようにAIによって管理されているのです。

広告で知ったものが自分にとって価値があるものであればいいのですが、無駄遣いにつながりがちです。「本当に買うべきなのか？」ということを、お金を払う前に考えてみてください。

ほしいものリストで衝動買いをなくす

無駄遣いを減らすには「感情のコントロール」が必要です。そこでおすすめしたいのが、**実際に多くのミニマリストが実践しているという「ほしいものをリスト化する」というシンプルな方法です**。

まずは紙でもスマートフォンのメモアプリでもいいので、「ほしいもの」と「金額」を書き出してみてください。私の場合、1万円以上の商品はいったんリスト化しています。

次に、そのリストから、「緊急度」の高いものをピックアップしましょう。具体的には、次のチェック日までに必ず買うべきものを選んでください。このチェックを月に1回行えば、「1ヶ月後までに買うべきものはどれ？」と考える習慣ができます。

たとえばスマホの新機種がほしくなったら、それをリストに書きます。そのうえで、「すぐに買う必要はない」と思えば購入を控えます。そして、すぐに買うべきものがあれば、購入してリストから削除します。

ポイントはここからです。次回のチェック日になったら、あらためて前回のリストを見てみましょう。

そこには、ほしいと思っていたものが並んでいるはずですが、時間を置いて見ると、多くのものは前回と比べて、ほしい気持ちがなくなっているはずです。

〖ほしいものリストの活用法〗

ほしいものとサブスク等毎月支払うものをリスト化

- A 12,000円
- B 5,000円/月
- C 40,000円
- D 30,000円

→

今月買う必要がある＝緊急度の高いものを確認

- A 12,000円
- B 5,000円/月 BUY
- C 40,000円
- D 30,000円 BUY

→

次の月にアップデートする

- A 12,000円 ?
- B 5,000円/月
- C 40,000円
- ~~D 30,000円~~
- E 25,000円
- F 13,000円

時間をおいたことで、
それほどほしくはなくなって
いるものがあるかも

合計でいくら使っているのかが、視覚的に理解できるシステムを作ることが大切。取捨選択、物欲のコントロールに繋がります。

最初に「ほしい」と思った瞬間は、広告などの影響を受けている可能性があります。広告に関する心理学の研究はいくつかありますが、その中から「ザイオンス効果」というものを紹介します。これは、何度も接触するうちに、親近感が増したり好意的になったりするという効果です。

あなたも、最初はピンと来なかった商品が、何度も広告などで目にするうちにほしくなったことはないでしょうか。いつも見ているテレビ番組で流れているCMのように、繰り返し広告を目にすると、否応《いやおう》なしに感情が動かされてしまうのです。

でも、広告から興味がわいたとしても、本当にその商品があなたにとって必要なのかは確かではありません。

他にも広告には心理学や経済学を応用したさまざまな工夫がされていて、あなたの購買意欲を刺激してきます。**だから時間を置いて広告などで動かされた感情をリセットすることが大切なのです。**

ほしいものリストを継続して活用していると、リストにメモをしただけでも一定の満足感が得られるようになるはずです。ほしいものを買うという行為は「ストレス解消」につながるというデータがあります。衝動買いが多い人は、その場のストレス解消が目的になってしまっているのです。この解消の方法を、「買う」から「メモに書く」に置き換えることができれば無駄遣いは大きく減らせます。

そして時間が経って、もはや「ほしい」という気持ちがわかないものはリストから消してしまいましょう。こうすることで、本当にほしいものだけを本当に必要なタイミングで買えるようになるのです。

お金を使ってしまう前に投資に回す方法

お金を増やすために、もっとも効果が大きいのは、「収入からあらかじめ天引きをする」という方法です。多くの人は、収入から生活費などを差し引いた残りを使って、貯金や投資をしています。しかしこれでは思うようにお金が貯まりません。

「パーキンソンの法則」をご存じでしょうか。この法則では「支出の額は、収入の額に達するまで膨張する」とされています。人間の心理として、「お金がある」と思うと、どうしても余計な買い物をしてしまうのです。

ですから、家賃などの固定費とともに、貯金や投資に当てるお金も自動的に給料から天引きするしくみを作り、残ったお金で食費や娯楽費などを支払う、という流れにしたほうがスムーズにお金を貯められます。

具体的には、後ほど解説する「積立投資」という方法で、毎月一定額を自動的に投資に当てることが有効です。さらに、積立投資をした場合に使えるiDeCoやつみたてNISAという税制優遇制度を使えば節税効果も期待できます。

ちなみに、積立投資で投資信託を購入する日は自分で設定できるので、給料日の翌日などに設定することをおすすめします。こうしておけば残高不足で投資ができないという事態を防げますし、残ったお金で生活しようとする意識が高まります。

お金を貯めるには「意志力」よりも「しくみづくり」が効果的です。私も含め**人間は流されやすい生き物ですから、天引きのルールを設けて自動的にお金を増やすしくみを作るようにしましょう。**

投資のための借金は絶対に駄目

投資のためのお金を増やそうとするとき、お金を借りることを考える人もいるかもしれません。働いてお金を稼いだり、節約したりするのはやはり大変ですから、気持ちはわかります。

でも、こうしたやり方は絶対にやめてください。

投資で損をする確率を下げるには、できるだけ長く投資を続ける必要があります。でも、借金で投資をしたら、「借金の返済日までにお金を増やさなくては」という強迫観念にかられます。これがとても危険なのです。

では、借金の返済期間を長く取ればいいのかというと、それも間違いです。キャッシングなどの借金には必ず高い金利が設定されているからです。現在の法律では、以下のとおり金利の上限が定められていますが、上限以内でも高い金利であることは間違いありません。

・元本の金額が10万円未満のときの上限金利 → 年20%
・元本の金額が10万円以上から100万円未満のときの上限金利 → 年18%
・元本の金額が100万円以上のときの上限金利 → 年15%

もしも投資のために借金をするとしたら、この金利以上の利益を上げなければ損をしてしまいます。でも年15〜20%もの利益率を確実にあげられる投資方法などありません。比較的リスクが少ないとされているインデックスファンドの長期投資の場合、平均利回りはよく見積もって7%というところです。

100万円を借りて投資をして7%を稼いでも、15%以上も金利が取られたら損でしかありません。借金で投資をしたら、確実に損をすると考えておくべきです。

これから投資を始めようとする人は、すでに投資を続けている人を見て焦りを感じることもあるでしょう。でも、焦りは禁物です。

まずは生活を見直し、無理のない金額で積立投資を始める。地味ながらも確実なやり方を続けていくことが大切です。

Column

リボ払いは
絶対にやらない

クレジットカードは便利なものですが、「借金をするのと同じ」という意識が必要です。クレジットカードを使ったなら、引き落とし日までにお金を用意する必要があります。残高不足を放置していると延滞となり、借金と同じく延滞金がかかってしまいます。さらには信用情報に傷がつき、住宅ローンなどを組みたくても組めなくなるおそれもあります。

クレジットカードには、複数の支払い方法があるため、どの方法を選ぶかも考える必要があります。分割払いやリボ払いを利用した場合、代金の引き落としに余裕がありますが、そのぶん手数料がかかることに注意が必要です。この手数料は、利用額や完済までの期間に応じて高くなっていきます。

なかでもとくに気をつけなくてはならないのは、リボ払いです。リボ払いが危険だというのは、記事やSNSの体験談などで見て認識している人もいるかもしれませんが、具体的な理由についてはご存じでしょうか。

分割払いの場合、代金を「何回で支払うか」を決め、これに応じて毎月の支払額が決まります。ですから、分割払いした時点で、どのようなペースで返済すればいいかを把握できます。

しかしリボ払いの場合、「毎月いくら支払うか」を設定して、返済額に応じて返済期間が延びるしくみです。1万円使おうが100万円使おうが、月あたりの返済額は変わりません。

リボ払いの手数料率は年率15％前後であり、非常に高い割合になっています。たとえば15万円の商品をリボ払いで毎月1万円ずつ返済すると、支払回数は17回となり、利息は1万152円かかる計算です。

リボ払いが危険なのは、高い手数料はもちろんのこと、人の感覚を狂わせる点にあります。普通､ほしいものが高すぎたとき、「買えないから、諦めよう」と思うものです。でもリボ払いがあると**「毎月1万円なら払えるから、買えそう」と勘違いしてしまい、これが積み重なると借金地獄に陥ってしまいます。**

私も大学生の頃、危うくリボ払いの罠《わな》にはまりそうになりました。ある業者から布団を勧められ、「小林さん、この布団をいくらなら買ってくれますか？」と聞かれたのです。

そこで私は「8,000円くらいなら」と答えたところ、よくわからないまま色々な書面に記入をさせられました。

後で書類の控えを見直してびっくり。なんと毎月8,000円の8年払いというリボ払いになっていました。つまり合計70万円超えの布団を買ってしまったのです。

あのときは、友人から勧められて消費生活センターに相談し、クーリング・オフで契約を解除できました。今となってはお金のリアルを学べたとポジティブに考えていますが、もしクーリング・オフできていなければと思うとゾッとします。

リボ払いに限らず、買い物をするときはトータルコストを考えなくてはいけません。クレジットカードを使う場合は分割手数料まで計算に入れてください。できる限り、クレジットカードは一括払いでも支払いに無理が出ないように利用しましょう。

第　3　章

「経費」でとにかく税金を減らすコツ

節税の知識を身につけよう

第2章では日頃の生活の中でできる節約術をお伝えしました。これに加えて、現代社会では「節税」の知識を身につけておくことも重要です。

節税について、何か悪いことをしているようなネガティブな印象をもつ人もいるようですが、それは勘違いです。**節税の本来の意味は、税法などのルールにのっとって、合法的に税金を減らすこと**を意味します。法律で認められている方法ですから、むしろ積極的に利用すべきです。

私自身のことを振り返ると、2017年7月に東京国税局を退職しフリーライターとして独立をしましたが、独立当初の生活を支えてくれたのは節税の知識でした。退職した翌日に開業届などを出し、青色申告などの節税方法を取り入れたことで、独立1年目から、所得税と住民税を合わせて20万円ほど節税できました。

この章と次の章で節税の具体的な方法を説明していきますが、多くの場合、節税は〝任意〟で行うという点に注意してください。何もせずに節税の恩恵を受けられることはほぼなく、基本的には自分で年末調整や確定申告などの手続きを行う必要があります。

たとえば一定額を超える医療費を支払ったときは、「医療費控除」で節税できる可能性がありますが、自分で確定申告書を作り、税務署に提出しなくてはなりません。医療費を支払っているだけでは節税効果は得られず、確定申告をするかしないかで、納税額が変わります。

もし、受けられたはずの節税効果を受けなかったとして、税務署から「あなたはこのように確定申告したほうがいいです」という案内が来ることは普通ありません。やがて手続きの期限が過ぎてしまうので、その前に自ら手続きをする必要があるのです。

必要経費を申告して節税

節税方法は数多くありますが、本書ではごく基本的なものを取り上げます。とはいえ、ここで説明するものを押さえておくだけでも、生涯の納税額は大きく変わってくるはずです。

節税方法の具体例の前に説明しておきたいことがあります。そもそもどのようなしくみで納税額が下がるのかを、最初にイメージで理解しておいてください。

節税の基本は、「課税所得を小さくすること」にあります。そして、課税所得を少なくする方法は、「必要経費を増やす」「控除を増やす」という2つが基本です。

《 所得税算出のおおまかな流れ 》

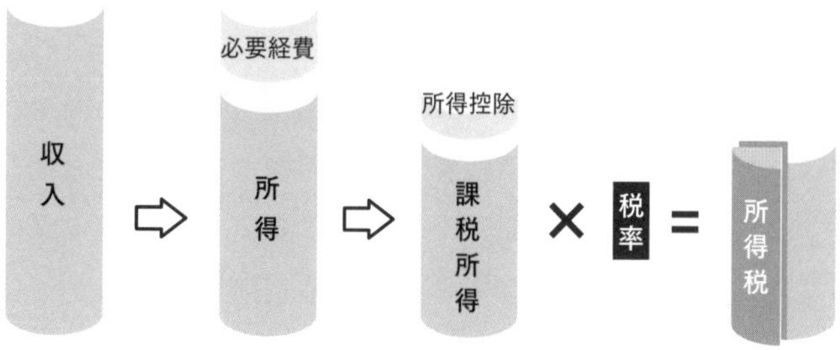

「必要経費」と「所得控除」が大きいほど、差し引かれる税金は少なくなります。これらは自己申告制のものが多いので、増やせる分を把握することが大切です。

まずは必要経費から見ていきましょう。フリーランスなどの個人事業者は、確定申告で必要経費をきちんと引くことが大切です。ただし、あらゆる支払いが必要経費になるわけではなく、「売上を得るための費用」「業務を行う上で必要な費用」が必要経費として認められます。たとえば商品の仕入代や広告宣伝費、消耗品費などが考えられますが、事業の内容によって必要経費は変わってきます。

必要経費の判断で迷ったら、「事業に関係するのか？」ということを考えましょう。たとえば飲食代も取引先との関係維持のためのものなら、問題なく必要経費に入れられます。

必要経費を支払ったら、漏れなく確定申告をするのはもちろん、レシートや領収書をきちんと保管することも大事です。確定申告のときは、必要経費の金額を自己申告するだけでいいので、レシートなどを提出することはないのですが、後から提示できないと、申告した必要経費を取り消されることがあります。

ちなみに、「税務署には必ず領収書が必要」と思い込んでいる人もいるようですが、レシートでもまったく問題ありません。要は、**必要経費と判断できるだけの情報が記録されていればいいのです。**

自宅で副業をすれば家賃の一部を経費で落とせる

必要経費の判断で迷いやすいのが、「プライベートと事業を兼ねた費用」です。たとえば自宅で仕事をしている人の家賃や電気代、通信費など。こういった場合は、「事業に使っている割合」を加味して必要経費を計上する必要があります。たとえば、「家賃は仕事に使っている床面積を基準にする」「電話代は通話時間の割合を基準にする」といったように、事業の実態に合わせてください。

自宅で個人事業や副業をするなら、家賃や通信費、電気代などの一部を必要経費にできます。ただ、あくまでも「一部」であることに注意が必要です。家賃などの全額を必要経費にしてしまうと、税務署から是正を求められる可能性が高いからです。

仕事とプライベートを兼ねた費用については、「業務に明らかに必要だった部分」に限って必要経費にできます。たとえば、「家賃のうち50%は業務のために必要」ということであれば、家賃の50%を必要経費にできます。

このような、家事関連費のうち、必要経費となる割合を「事業割合」といいます。事業割合の計算方法は法律ではっきり定められていません。**したがって自分自身で理屈を考える必要があるのですが、「なんとなく50%を経費に」といった安易な判断は危険です。**

たとえば家賃であれば、仕事に使うスペースとそれ以外のスペースを分けて、その床面積の割合で計算するのが一般的です。全部屋の床面積が100㎡で、そのうち仕事部屋が10㎡であれば10%といった計算をします。「平日の9時から17時は仕事に使っている」といった使用時間に着目して事業割合を計算する方法でもいいでしょう。

そして、事業割合は支払いの種類ごとに計算が必要となります。床面積から家賃の事業割合を50%と計算したとして、これをインターネット代や電話代、電気代などにそのまま当てはめるわけにはいきません。それぞれ、実情に合った事業割合を考えてください。

年末調整は何のために行うのか

第4章では節税効果のある所得控除や税額控除に関する説明に入りますが、その前に手続きの流れを理解しておきましょう。

各種控除を使うには、手続きが必要です。会社員の場合、会社が従業員の代わりに税申告と納税を行うための手続きとして「年末調整」をすることで、ほとんどの控除申請を済ませることができます。

年末調整で控除を申請する理由は、「源泉徴収」というしくみと関連しています。会社員が給料や賞与をもらうとき、ここからあらかじめ税金が天引きされているのです。そのため、後から本人に代わって会社が全額を納税しています。

ここで源泉徴収されている所得税は、あくまで「仮計算」の税額です。

本来、所得税の計算は、支払った保険料、扶養家族の数といったさまざまな要素を加味して確定します。

ところが、会社から給与が支払われている時点では、その年に保険料をどれくらい支払うかわかりませんし、年の途中で家族が増減する可能性もありますよね。そのため、源泉徴収で差し引く所得税は、「その時点でわかっている要素」から仮計算したものとなっているのです。

源泉徴収されているのは仮計算の税額ですから、年末に近づくにつれて「実際の所得税」と「源泉徴収された所得税」に差が出てきます。その差額を精算するために、「年末調整」が必要になります。

年末調整の心構えは、もれなくきちんと書類を出すということに尽きます。書類を出すことではじめて控除が税金に反映されるので、出し忘れのないようにしましょう。

年末調整によって受けられる控除は以下のとおりですが、これでほぼすべての控除を網羅しています。一部、例外として会社員でも確定申告が必要な場合があるので、その点については後ほど説明いたします。

【年末調整で手続きが可能な控除】

・誰でも必ず受けられる控除→基礎控除

・収入が一定以下の配偶者がいる
　→配偶者控除、配偶者特別控除
・収入が一定以下の扶養親族がいる→扶養控除
・社会保険料を支払った→社会保険料控除
・確定拠出年金（iDeCo）などに加入している
　→小規模企業共済等掛金控除
・生命保険料を支払った→生命保険料控除
・地震保険料を支払った→地震保険料控除
・住宅ローンを組んでいる（2年目以降）
　→住宅借入金等特別控除
・本人や配偶者、扶養親族に障害がある→障害者控除
・配偶者と離婚や死別し、ひとり親である
　→ひとり親控除、寡婦控除
・給与収入が130万円以下の学生→勤労学生控除

会社員でも確定申告をしたほうがいいケース

年末調整をすれば、会社員の税金計算は基本的に完了します。ただ、場合によっては年末調整の後に確定申告をすることで、還付金（所得税の支払い過ぎなどの理由により、納税者へ返還されるべき税額のこと）を増やせる可能性があります。

確定申告をすべきケースのひとつ目は、「会社の年末調整を正しく行えなかった場合」です。たとえば、保険会社の控除証明書が届かずに年末調整の期限に間に合わなかったときや、年の途中で退職して年末調整できなかったとき、年末調整の後に扶養家族が増減したときなどが該当します。このような場合は、

確定申告のときに年末調整で申請できなかった控除を申告でき、還付金を受け取れます。

次のケースは、「年末調整で手続きできない控除を受ける場合」です。控除の多くは 年末調整で手続きが可能なのですが、一部、確定申告が必要なものがあります。

【年末調整で手続きできない控除の例】

・医療費控除
・雑損控除
・寄附金控除
・配当控除
・住宅借入金等特別控除（1年目）

このような控除を利用するには、その控除が発生した翌年以降に確定申告をします。たとえば2022年に医療費をたくさん支払ったのであれば、2023年以降に確定申告で医療費控除の申告を行います。

ちなみに、確定申告の期限は納税が生じる場合と、還付金が生じる場合で分かれています。納税が必要な場合は期限が短いうえ、遅れると加算税や延滞税といったペナルティがつくことがあるので、早めに手続きをしておきましょう。

【2022年分の所得税の確定申告期間（土日祝日は除く）】

納税の場合：2023年2月16日～2023年3月15日
還付の場合：2023年1月1日～2028年3月15日

会社員は必要経費を申請できない？

会社員は年末調整や確定申告で控除を利用できますが、必要経費を計上することは基本的にできません。

そのため、会社員の方は不公平と感じるかもしれませんが、それは違います。なぜなら、**必要経費の代わりに「給与所得控除」というものが引かれているからです**。会社員の給与収入にそのまま税金がかかっているわけではなく、給与所得控除を引いた後の給与所得が税金の基準になります。

「給与収入」とは、給与明細に書かれている、税金や社会保険料などを差し引く前の金額を意味しています。ちなみに勤務先から支給される出張費や通勤手当は非課税なので、給与収入には含まれません。

そして、給与収入から差し引ける「給与所得控除」は、次のとおり給与収入に応じて自動的に決まります。

〖給与所得控除額の算出方法〗

給与等の収入金額（給与所得の源泉徴収票の支払金額）	給与所得控除額
1,625,000円まで	550,000円
1,625,001円から　1,800,000円まで	収入金額×40％－100,000円
1,800,001円から　3,600,000円まで	収入金額×30％＋80,000円
3,600,001円から　6,600,000円まで	収入金額×20％＋440,000円
6,600,001円から　8,500,000円まで	収入金額×10％＋1,100,000円
8,500,001円以上	1,950,000円（上限）

出典：国税庁ホームページ「タックスアンサーNo1410給与所得控除」

たとえば給与収入が500万円であれば、給与所得控除額は144万円となり、給与所得は差額の356万円。実際に500万円の給料があっても、課税対象となるのは356万円になります。

会社員の場合、仕事のために支払った費用であれば、会社で経費精算するのが一般的ですよね。実際に年収500万円の会社員が年間144万円もの経費を自己負担することは考えにくいのですが、自己負担の有無にかかわらず給与所得控除は自動的に差し引かれるのです。

これだけでも会社員の税金は優遇されていると言えますが、**さらに課税所得を引き下げられる可能性があります**。仕事のために自己負担したお金が一定額を超えたときに使える「特定支出控除」を使うのです。

【特定支出控除の対象となる一般的な費用】

1　通勤費用

2　仕事のための旅行費

3　転勤に伴う転居費用

4　職務のための研修費用

5　職務に関連する資格取得費（弁護士、公認会計士、税理士なども含む）

6　単身赴任などで、自宅への旅行のための支出

7　次に掲げる支出で、業務に必要であることを勤務先から証明がされたもの（65万円を上限）

　(1)　書籍、雑誌などの費用

　(2)　制服、事務服、作業服など、勤務場所で着用する衣服の購入費

(3)　会社の得意先などに対する、交際費、接待費など

これらの特定支出控除の金額を、1月1日から12月31日の1年分合計した結果、「本来の給与所得控除×1/2」を超えたら、超えた金額を給与所得控除に加算することができます。

会社員の場合、そもそもの給与所得控除が大きいので、特定支出控除を使う場面はあまりないかもしれません。ただ、資格取得のためにスクールに通うときや、高額なセミナーを受けるときなど、**仕事に関わる大きな出費があったときは、特定支出控除の存在を思い出してください**。

青色申告による節税は難しくない

個人で事業をしている人は、「青色申告」という制度を利用して節税することができます。

青色申告を簡単に説明すると、きちんと帳簿作成や確定申告をすることを条件に、税金を少なくできるというものです。青色申告には、経費がより多く認められるといったメリットがあります。

青色申告を利用するには、まずは「青色申告承認申請書」という書面を所轄の税務署長に提出する必要があります。

そして、青色申告の承認を受けたら、正規の会計のルールにのっとって帳簿を作成します。そして、**最終的に「損益計算書」と「貸借対照表」という2種類の書面を作って、確定申告書と一緒に税務署に提出しなくてはなりません**。

このように聞くと「青色申告はハードルが高い」と思うでしょう。でも、年々進化している会計ソフトを利用すれば、自分だけで帳簿作成や確定申告をすることは、決して難しくはありません。

ちなみに会計ソフトには、パソコンにインストールして使う「インストール型」と、インターネット上で使う「クラウド会計」というタイプの2種類があります。従来はインストール型が圧倒的なシェアを占めていたのですが、年々クラウド型のシェアが伸びています。

【会計ソフトに占めるクラウド会計ソフトの利用率の推移】

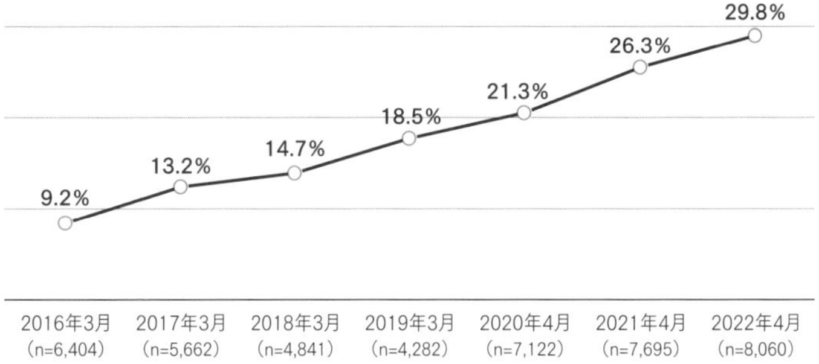

出典：MM総研「クラウド会計ソフトの利用状況調査」(2022年4月末)

POINT

クラウド会計ソフトの普及率は右肩上がり。常に最新の機能を使うことができ、使い勝手が良いのです。

クラウド型のメリットは複数あり、まずは料金が安いことが挙げられます。たとえばクラウド型のfreee会計は980円（月額換算）から利用でき、基本的な記帳や確定申告などの機能を

備えています。

　また、通帳やクレジットカードの情報と自動連携できる点も、クラウド型の強みです。日々のお金の動きを自動的にシステムが取り込んでくれるので、あとは不足する情報などを入れていくだけです。

〖クラウド会計ソフトの利用方法（freee 会計より）〗

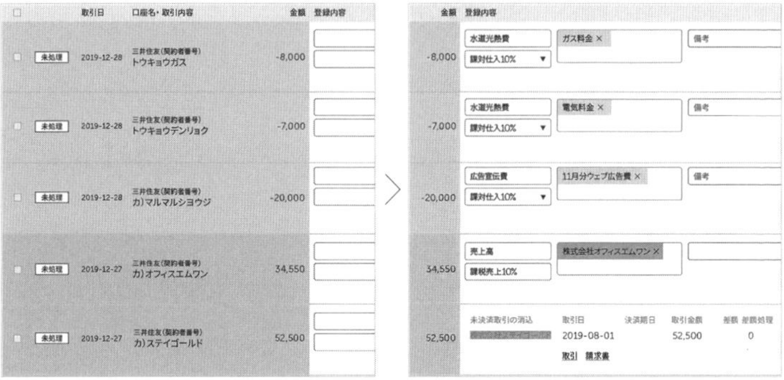

出典：freee 会計ホームページより抜粋

クレジットカードや口座の情報をオンライン上で取得して、自動反映してくれます。会計に詳しくない人でも無理なく使えます。

青色申告で年間65万円の特別控除を受ける

　青色申告の節税メリットをうまく活用すれば、年間数十万円単位の節税効果が見込めます。さらに国民健康保険の保険料を下げる効果もあるので、個人で事業をしている人はぜひチャレンジしてください。

青色申告のメリットについては、代表的なものを3つ説明します。

ひとつ目は、「青色申告特別控除」です。これは税金を計算するうえで年間の利益から最大65万円を差し引けるというものです。これを使うだけで、65万円分の必要経費と同じ効果があるので、高い節税効果が期待できます。

ただし、青色申告特別控除には、10万円、55万円、65万円の3パターンがあり、最高額の65万円の特別控除を受けるには、「期限内申告をする」「電子申告（e-Tax）または電子帳簿保存を行っている」といった条件があります。

青色申告の2つ目のメリットは、**家族に支払う給料を全額必要経費にできるという特典です。これは「青色事業専従者給与」といいます。**

個人でビジネスをしていると、家族に仕事を手伝ってもらうことがあるかもしれません。そのとき、たとえば家族に毎月8万円の給料を払うと、それだけで年間96万円の必要経費が増えます。

給料とはいえ家族に払うわけですから、支払ったお金を、その後生活費として使えます。ということは、青色事業専従者給与を使えば、間接的に生活費を経費にできるというわけです。

なお、青色事業専従者給与を利用するには事前の手続きが必須なので注意してください。国税庁ホームページで確認するか、税務署に尋ねるなどして、確実に手続きをしておきましょう。

青色申告の3つ目のメリットは「純損失の繰り越し・繰り戻し」

です。事業で出た赤字を他の年の利益と合算することができます。過去に繰り戻すときは1年、将来に繰り越すときは最長3年という制限が設けられています。

《 損失の繰り越し・繰り戻し 》

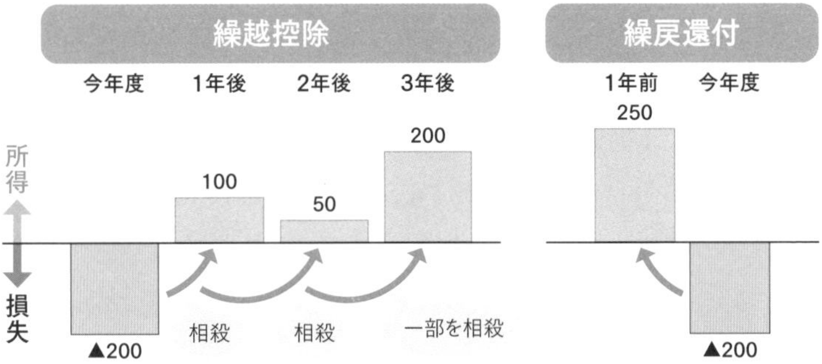

赤字が出ても確定申告しておくことが大切。その年に納税の必要がなくても、別の年の納税額を減らせる可能性があります。

損失の繰り越しや繰り戻しが活きるのは、初期投資の多い、あるいは毎年の業績が大きく変わるビジネスです。お店を開く場合、創業当初に出費が重なり赤字になりがちでしょう。そうしたときに損失の繰り越しをしておけば、その後に利益が出たタイミングで赤字分と相殺して節税できます。

副業でも青色申告は可能？

会社員の給料は「給与所得」という扱いで、青色申告を使えません。青色申告にできるのは、「事業所得」「不動産所得」「農業所得」の3種類に限られているからです。

でも、副業をして「事業所得」を得ることで、会社員でも青色申告の恩恵にあずかることができます。

ただし、副業の場合、その実態によっては事業所得ではなく、雑所得と判定される可能性があります。雑所得の場合、青色申告は認められません。

この件に関連して、国税庁は2022年8月に、事業所得と雑所得の判定に関する通達改正案を発表しました。ここで出された当初の案を簡単に説明すると、「年間売上300万円以下の副業は、原則として雑所得」というものです。

ところが、これに対して7,000件を超える反対意見が集まった結果、通達改正案の内容が大きく変わりました。

修正後の通達改正案では、本業と副業によらず、「帳簿書類の保存の有無」が判定要素になっています。ざっくりと説明すると、「年間売上が300万円以下かつ、帳簿書類の保存をしていなければ、雑所得」という方向性が示されたのです。逆に考えると売り上げがいくらであっても、帳簿書類の保存さえ行っていれば事業所得だと認められることになりました。

この意味からも、クラウド会計ソフトなどを利用して、事業に関わる取引はきちんと帳簿に記録しておくことが大切です。**副業でも記録さえとっていれば大きな節約につながります。**

Column

節税と脱税は まったく違う

節税と似た言葉ですが、「脱税」は絶対にやってはいけません。

脱税とは、意図的に情報を隠すなどして税金を少なく申告したり、まったく申告をしなかったりすることを意味します。たとえば、「本当は売上500万円の契約なのに、300万円の契約と偽って確定申告をした」「取引先と口裏を合わせて、仕入代金を500万円水増しした」といったケースが該当します。

このような行為が疑われた場合、「税務調査」が実施されます。このとき、場合によっては、本人だけでなく、家族や取引先、利用している金融機関などに調査が行われます。そして最終的には、申告漏れや脱税行為について何らかの処分がなされます。

もし脱税が発覚すると、申告漏れの税額はもちろん、さらに「重加算税」という非常に重たいペナルティを課されます。重加算税の税率は、原則35～40%ですから、たとえば偽造による申告漏れの税額が100万円としたら、ここに35万～40万円が加算されるという計算です。

さらに、税金の未納に対しては別途「延滞税」というペナルティもあり、脱税や無申告を繰り返すと重加算税の税率がさらにアップするというルールもあります。状況によっては、隠していた利益以上の額が税金で失われる可能性もあるのです。

脱税ほど悪質でなくとも、無意識に申告誤りや期限遅れを起こした場合もペナルティが設けられています。申告誤りに対しては過少申告加算税、期限遅れに対しては無申告加算税という追徴税があり、それぞれ税率は原則5～15%、10～20%となっています。

たとえば、仮想通貨によって得た利益は雑所得として計算されますが、これは年をまたいで利益と損益を相殺することはできません。

極端な例ですが、1年間に1億円の利益をあげて、翌年この1億円を丸ごと失ってしまったとします。この場合、手元に残るのは0円ですが丸々1億円分が課税対象となってしまうのです。1億円の利益なら、控除を差し引いたとしても4,000万円ほどの所得税を支払う義務が生まれます。

こうしたしくみを知らずに、後から納税を要求されるケースがあります。しかもここに、加算税や延滞税のペナルティまで加われば支払い額は恐ろしい数字です。仮想通貨バブルとなった2017年に利益をあげた人の中には、知らず知らずの内に申告漏れを起こしてしまい、約3年後に多額の徴収を要求されて破産に追い込まれたという人もいます。

他にも「せどり」によって多くの収入を得ている人の体験談が近年書籍化などで話題になっていますが、本業とは別に20万円以上の副収入を得れば納税の義務が生まれます。副業として認識しづらいかもしれませんが、転売で上げた利益も立派な課税対象なのです。その他にも、フードデリバリーなどの仕事も、空いた時間に1人でこなせるため中々納税に頭が向かないかもしれませんが、立派な副業となります。

脱税はもちろん、無意識の申告誤りや期限遅れも税務署は見逃しません。きちんとした節税を実践するようにしましょう。

第　4　章

知らないだけでいつの間にか損！「控除」の基礎知識

基礎控除は誰でも使える節税方法

ここからは、節税効果のある主な控除について解説をします。ここで第3章で紹介した所得税の基本公式をもう一度見てみましょう。

〖所得税算出のおおまかな流れ〗

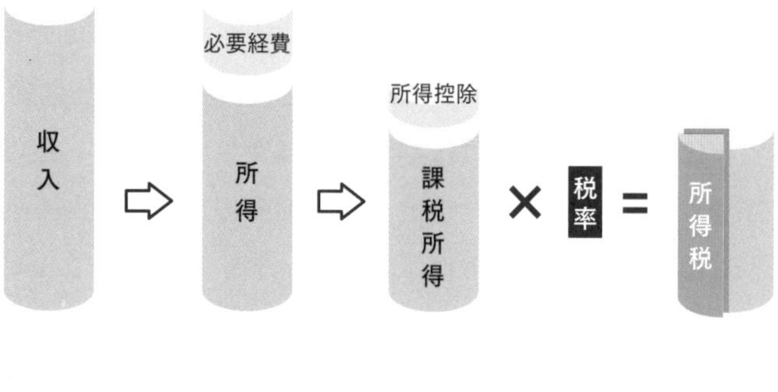

控除額も多ければ多いほど、所得税が少なくてすむことがお分かりいただると思います。会社員の場合、**経費や青色申告を**

使った節税は難しいので、まずは控除に目を向けるのが合理的です。こうした制度を利用し損ねないためにも、どのような控除があるかを簡単に理解しておきましょう。

最初に取り上げるのは、基礎控除です。

基礎控除とは、誰でも、いつでも使える所得控除でした。「でした」と書いたのは、税制改正により2020年分以降は所得金額に応じて控除額が段階的に減るしくみが導入されたからです。

〖所得税・住民税の基礎控除〗

合計所得金額	所得税の控除額	住民税の控除額
2,400万円以下	48万円	43万円
2,400万円超2,450万円以下	32万円	29万円
2,450万円超2,500万円以下	16万円	15万円
2,500万円超	0円	0円

一般的な会社員であれば最高額の控除を受けることが可能です。収入が多い人のみ、制度が変わったので注意!

とはいえ、よほどの高収入の方を除けば、基礎控除48万円は問題なく使えるものです。とくに書類を用意するなどの手続きもなく、自動的に基礎控除が加味されます。

ちなみに、「103万円の壁」という言葉がありますが、これは基礎控除と関連しています。第3章で説明した会社員が全員受けられる給与所得控除の最低額は55万円。これと基礎控除48万円を合計した103万円が控除になりますから、給料が103

万円を超えるまでは全額が控除対象となり、所得税はかかりません。

住民税の基礎控除は43万円なので、給与所得控除の55万円を足すと98万円になります。**したがって住民税は年収98万円から発生する可能性がありますが、お住まいの地方自治体によって税金がかかり始める金額が違います。**

社会保険料控除は家族の分も対象になる

健康保険料や年金保険料などの社会保険料は、毎月支払わなくてはならないものです。これらの社会保険料を払った金額に応じて増えていくのが、「社会保険料控除」です。

【社会保険料控除の対象となる主なもの】

・健康保険料
・国民年金・厚生年金保険料
・介護保険料
・雇用保険料
・国民年金基金の掛金

社会保険料控除は、支払った保険料の全額が所得控除になります。たとえば年間に50万円の社会保険料を負担したら、所得から50万円が差し引かれるということです。

そして、「自分の分の保険料」だけでなく、同一生計の家族の分の保険料についても含めることができます。たとえば、夫が妻の国民健康保険料を代わりに納めた分も課税対象から外れます。

したがって、年末調整や確定申告の際には、自分だけでなく家族の保険料も確認してから、書類を作成してください。**家族の分を控除として申請してなければ、損失につながってしまいます**。年金事務所や保険会社などから、控除証明書が毎年送付されるので、そちらを整理しておくとよいでしょう。

生命保険の契約内容は要確認

社会保険だけでなく、民間の生命保険でも控除が受けられます。生命保険料を支払ったら、年間の支払額に応じた額が課税所得から差し引かれるのです。ただ、社会保険料のように保険料が全額控除になるわけではありません。生命保険料控除は、保険契約のタイミングや、保険の内容によって控除額を計算するのでやや複雑です。

2012年1月1日より前に締結した保険契約は「旧契約」という扱いになり、「生命保険」と「個人年金」の2タイプの保険が控除の対象になっています。それぞれの上限は5万円。合計すると最大で10万円の所得控除になります。

2012年1月1日以後に契約した保険は「新契約」という扱いです。こちらは「生命保険」「個人年金」「介護保険」の3タイプがあり、それぞれ上限が4万円に設定されています。3パターンの保険料をそれぞれ8万円以上支払った場合、生命保険料控除は12万円となります。

《 生命保険における控除額の算出方法 》

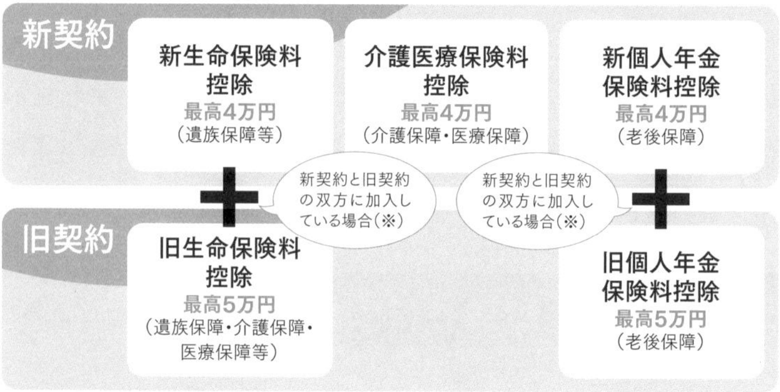

※新契約と旧契約の双方に加入している場合は、旧契約の支払い保険料等の金額によって控除額の計算方法が変わります。
・旧契約の保険料が6万円超の場合：旧契約の支払い保険料等の金額に基づいて計算した控除額（最高5万円）
・旧契約の保険料が6万円以下の場合：新契約の支払い保険料等の金額に基づいて計算した控除額と旧契約の支払保険料等の金額に基づいて計算した控除額の合計額（最高4万円）

出典：国税庁ホームページ「タックスアンサーNo1140生命保険料控除」

生命保険料についてはやや複雑な計算が必要。まずは自分の入っている保険の種類をまとめてみましょう。

保険商品は複雑なので、自分だけで生命保険、個人年金、介護保険のどのタイプなのかを確認するのは困難です。ひとつの保険商品が複数のタイプを兼ねているケースも少なくありません。

ですから、生命保険に入るかどうかを検討するときは、保険会社に質問し、生命保険料控除をあらかじめシミュレーションしておきましょう。また、11月頃に保険会社等から送付される控除証明書を見れば、自分が支払った保険料とともに、どのタイプの保険なのかを確認できます。

〖支払保険料と控除額〗

〈旧契約〉

年間の支払保険料等	控除額
25,000円以下	支払保険料等の全額
25,000円超　50,000円以下	支払保険料×1/2＋12,500円
50,000円超　100,000円以下	支払保険料×1/4＋25,000円
100,000円超	一律50,000円

〈新契約〉

年間の支払保険料等	控除額
20,000円以下	支払保険料等の全額
20,000円超　40,000円以下	支払保険料×1/2＋10,000円
40,000円超　80,000円以下	支払保険料×1/4＋20,000円
80,000円超	一律40,000円

出典：国税庁ホームページ「タックスアンサーNo1140生命保険料控除」

契約日によって受けられる控除の計算が変わってしまいます。一度自分が結んだ保険の契約日を確認してみましょう。

最後に注意点ですが、保険はご自身の生活に必要な保障を考えて契約すべきものです。節税のためといって無理に保険料を増やしたり、逆に無理に減らしたりすべきものではありません。まずは**自分に必要な保険を考え、そのうえで生命保険料控除を使うのが正しい順序です。**

損害保険の中で地震保険は特別

持ち家の地震保険に加入すると、地震保険料控除を使えます。地震保険料控除は、2016年まであった「損害保険料控除」

に代わる形で創設されました。それまでは地震保険料だけでなく、長期契約の火災保険料も控除の対象となっていたのですが、今は2006年12月31日までに契約した長期損害保険（保険期間が10年以上で満期返戻金が支払われる損害保険契約）を除き、火災保険に入っても控除額は増えません。

《 地震保険料、損害保険料における控除 》

区分	年間の支払保険料の合計	控除額
(1)地震保険料	50,000円以下	支払金額の全額
	50,000円超	一律50,000円
(2)旧長期損害保険料	10,000円以下	支払金額の全額
	10,000円超 20,000円以下	支払金額×1/2＋5,000円
	20,000円超	15,000円
(1)(2)両方がある場合	－	(1)(2)それぞれの方法で計算した金額の合計額 （最高50,000円）

出典：国税庁ホームページ「タックスアンサーNo1145地震保険料控除」

地震保険は損害保険の中でも優遇されています。火災保険で控除を受けるには、2006年以前の長期契約が前提となるのでなかなか難しいです。

災害の多い日本では、地震保険に加入しておいたほうが安心です。とくに住宅ローンを組んでいる人は、地震で家を失うと、ローン返済に加えて新しい家の家賃などがかかるので、かなり厳しい状況になってしまいます。**地震保険料は生活の安心のためのコストと考え、その保険料の一部を地震保険料控除で取り戻すといいでしょう。**

年収1,000万円以下の会社員は夫や妻を扶養に入れるべし

結婚をしている人は、配偶者控除もしくは配偶者特別控除を使える可能性があります。

この2つの所得控除は、配偶者が一定以下の所得の場合に使えるもので、**配偶者の合計所得金額が48万円以内なら配偶者控除、48万～133万円なら配偶者特別控除になります。**

さきほど基礎控除のときに「103万円の壁」という言葉を説明しましたが、この言葉は配偶者控除に関連して使われることがあります。配偶者の給与収入が103万円を超えると、給与所得控除55万円を引いても合計所得金額が48万円を超えてしまい、配偶者控除の対象から外れます。

配偶者控除の金額は38万円が基本ですが、配偶者控除を受ける本人の合計所得金額に応じて下がっていくしくみです。

〖 配偶者控除の算出 〗

控除を受ける納税者本人の合計所得金額	控除額	
	一般の控除対象配偶者	老人控除対象配偶者
900万円以下	38万円	48万円
900万円超950万円以下	26万円	32万円
950万円超1,000万円以下	13万円	16万円

出典：国税庁ホームページ「タックスアンサーNo1191配偶者控除」

配偶者の年収が103万円以下なら一律で38万円の控除が受けられます。納税者本人の年収が1,000万円を超えない限りは受けられる控除なので、忘れずに申請をしてください。

たとえ夫婦の片方の収入が少なくとも、もう片方の合計所得金額が1,000万円以上だと、配偶者控除はゼロです。なお、扶養されている配偶者がその年の12月31日時点で70歳以上であれば、老人控除対象配偶者という扱いになり控除額が加算されます。

配偶者の年収が150万円を超えるときは要注意

配偶者の所得が増えて配偶者控除を使えなくなったとしても、すぐに税金に影響はありません。配偶者控除の代わりに配偶者特別控除が適用されるからです。

配偶者特別控除は、配偶者の合計所得金額に応じて控除額が減っていくしくみになっています。配偶者の合計課税所得が95万円以下（給与収入に換算すると150万円）であれば、配偶者控除と配偶者特別控除の節税効果に違いはありません。

したがって、控除額が減り始めるのは、配偶者の給与収入150万円からです。たとえば妻の年収が150万円を超えてくると、夫が使える控除額が減り、税金が増えていきます。

このように配偶者の所得金額によって税金に影響がおよぶので、年末調整の時期になったら、配偶者の所得金額を確認しなくてはいけません。おそらく、配偶者の収入を正確に把握している人は少数派だと思われますが、配偶者控除や配偶者特別控除の判定に必要な情報は共有しておくべきです。

もしも配偶者の所得を少なめに見積もって配偶者控除や配偶者特別控除を利用していたら、税務署に後から指摘されます。

配偶者特別控除の算出

		控除を受ける納税者本人の合計所得金額		
		900万円以下	900万円超 950万円以下	950万円超 1,000万円以下
配偶者の合計所得金額	48万円超95万円以下	38万円	26万円	13万円
	95万円超100万円以下	36万円	24万円	12万円
	100万円超105万円以下	31万円	21万円	11万円
	105万円超110万円以下	26万円	18万円	9万円
	110万円超115万円以下	21万円	14万円	7万円
	115万円超120万円以下	16万円	11万円	6万円
	120万円超125万円以下	11万円	8万円	4万円
	125万円超130万円以下	6万円	4万円	2万円
	130万円超133万円以下	3万円	2万円	1万円

出典：国税庁ホームページ「タックスアンサーNo1195配偶者特別控除」

配偶者の所得が増えるにつれて控除額は減少しますが、133万円（給与収入約200万円）までは控除が受けられます。

場合によっては追徴税がかかる可能性があるので、注意してください。

子どもがいれば扶養控除が使えるとは限らない

子や親などを扶養に入れているときは、扶養控除を使える可能性があります。

扶養控除についてよくある勘違いが、「子どもが生まれると扶養控除が使える」というものです。でも、実際は16歳未満の子は扶養控除の対象になっていません。**扶養控除を使えるの**

は、「16歳以上の親族を扶養している」という場合に限られます。

たとえば自分の両親、高校生や大学生の子どもなどを扶養していれば扶養控除が使えますが、小さな子どもは対象外なのです。

扶養控除の控除額はいくつかのパターンがあり、扶養されている人の年齢や、同居しているかどうかによって控除額が変動します。

扶養控除に関して気をつけたいのは、申請漏れです。とくにお子さんのいる方は、その子が16歳以上になったら扶養控除の申請を忘れないように注意してください。

中学校卒業まで（15歳の誕生日後の最初の3月31日まで）に支給されていた児童手当がもらえなくなるので、その代わりに扶養手当をしっかり使って税負担を抑えるようにしましょう。

また、扶養控除は、援助してもらう側の親族の1年間の合計所得金額が48万円以下であることが要件となっています。**これは給料に換算すると103万円、公的年金の場合は、65歳未満は108万円、65歳以上は158万円となります。**

扶養控除を申請するときは、扶養家族の収入をきちんと確認し、条件を満たしているか確認する必要があります。

災害や犯罪の被害にあったら必ず申告

日本では自然災害が増えており、**台風や大雪、地震など、誰もが被災する可能性があります。そうした事態に備えて、覚えておきたいのが「雑損控除」です。**

雑損控除は、災害や盗難などで被害を受けたときに被害額に応じて控除額が増えるしくみになっています。

【雑損控除の対象となる損害】

1　震災、風水害、冷害、雪害、落雷など自然現象の異変による災害
2　火災、火薬類の爆発など人為による異常な災害
3　害虫などの生物による異常な災害
4　盗難
5　横領

雑損控除は、年末調整で手続きができず、必ず確定申告を行う必要があります。このときに災害に関する支出の領収書などが必要になるので、壊れた物品の修理費用の領収書や、被害を示す写真など、関係しそうな書類は捨てずに確定申告まで取っておきましょう。

また、雑損控除のほかに、災害で住宅や家財の損害があった場合に使える措置もあります。「災害減免法による所得税の軽減免除」というものです。細かい計算については説明しませんが、災害などで被害を受けた場合は、税務署に相談するなどして受けられる支援を確認するようにしましょう。

年間の医療費が10万円を超えたら控除が受けられる

病院や薬局で多額の支払いを行ったとき、高額療養費制度によるサポートを受けられることは既に説明しました。ただ、高額療養費制度は1ヶ月あたりの自己負担額に上限を設けるしく

みなので、療養が数ヶ月におよぶと高額医療費制度を受けたとしても、年間の医療費が高くなるおそれがあります。

そういった医療費の自己負担が多い年に使いたいのが医療費控除です。**1月1日から12月31日の1年間に支払った医療費が10万円を超えた場合、その超えた金額（最大200万円）が医療費控除になります**。なお、総所得金額等が200万円未満の場合、10万円ではなく、「総所得金額等の5%」を超えた金額が医療費控除になります。

医療費控除について最初に理解しておきたいのが、基本的には治療費や入院費のように、病気や怪我を治すために支払うものが対象という点です。

【医療費控除の対象になる主な費用】

・医師又は歯科医師による診療・治療の費用
・治療又は療養に必要な医薬品の購入費用
・助産師による分べん費用
・介護サービスの自己負担額
・通院費（公共交通機関の費用）
・入院の際の部屋代や食事代の費用

【医療費控除の対象にならない主な費用】

・自家用車で通院する場合のガソリン代や駐車場の料金等
・健康診断や人間ドックの費用
・美容のための整形手術や歯科矯正の費用
・メガネ、コンタクトレンズ、補聴器の費用（治療に必要な特殊眼鏡はOK）

・医師等に対する謝礼金
・ビタミン剤などの病気の予防や健康増進のための医薬品の購入代金
・疲れを癒したり、体調を整えたりするためのマッサージ費用
・家族や親類縁者に付添いを頼んだときの付添料

医療費控除の対象になるのは病気や怪我になった場合の療養費が基本です。予防や美容目的、栄養ドリンクやサプリメントは対象外なので注意しましょう。

医療費控除はあくまでも自己負担した金額がベースです。たとえば高額療養費制度や民間の医療保険などで医療費が補填されたときは、その金額は医療費控除の金額から除く必要があります。

ひとまず病院や薬局などでもらう領収書は取っておいて、年が明けたら1年分を合計して医療費控除が使えないかを確認するようにしましょう。

ドラッグストアを賢く利用すれば控除のチャンス

ドラッグストアで風邪薬などを買っている人は、「セルフメディケーション税制」を活用できるかもしれません。

セルフメディケーション税制は医療費控除の別バージョンのもので、ドラッグストアなどで「特定一般用医薬品等」を買っ

たときに適用される所得控除です。

たとえば風邪薬や鎮痛剤といったものから、軟膏《なんこう》や湿布、点眼薬など幅広い品目が対象になっています。

どの医薬品がセルフメディケーション税制の対象になっているかを確認するときは、パッケージにかかれている共通識別マークでわかります。また、レシートにも、対象商品が表示されるようになっています。

セルフメディケーション
税控除対象

出典：日本一般用医薬品連合会公式ホームページより

Amazon などの EC サイトで薬品を購入するときも、「セルフメディケーション税制対象商品」といった説明書きがあるので、これを参考にしてもいいでしょう。

通常の医療費控除とセルフメディケーション税制は、どちらか一方しか使えないので、有利なほうを選択することになります。

控除額の計算式を比べてみると、セルフメディケーション税制の方が少ない金額から利用できるのですが、上限としては医療費控除の方が高い金額に設定されています。したがって「病院によく行く人は通常の医療費控除」「ドラッグストアをよく使う人はセルフメディケーション税制」と考えると判断しやすいです。

また、セルフメディケーション税制は1年間の購入額が12,000円以上の場合に使えます。したがって、複数年にわたって使うことが予想される医薬品についてはまとめて購入する方がお得です。

【特定医薬品を毎年1万円分買う場合】

→各年の購入額が12,000円以内のため、控除額はゼロ

【特定医薬品を3年に1度、3万円分買う場合】

→購入した年の控除額は30,000円－12,000円＝18,000円

ふるさと納税が最高にお得な理由

ここまでに説明してきた所得控除は、いずれも無理をして使うものではありません。「普段のライフスタイルで利用できるものがあれば、忘れずに申請する」という意識で十分です。

たとえば病院に多く行った年は医療費控除を使い、お子さんが16歳以上になったら扶養控除を使う、といった活用法です。逆に、ライフスタイルを無理に控除のルールに合わせると損をしてしまいます。生命保険料控除のために必要のない保険に入ったり、医療費控除のために頻繁に病院に通ったりしていては、それはただの浪費に過ぎません。

ただ、ここから説明する「ふるさと納税」だけは違います。これはできるだけ積極的に利用したい制度となっています。正しく活用すれば、ふるさと納税は確実に得するしくみになっているからです。

まずはふるさと納税が何なのかを、説明しておきましょう。

ふるさと納税とは、地方自治体に寄付をすることで、「寄附金控除」による節税効果を受けるというものです。ふるさと納税をすると、寄付額に応じて節税効果が高くなり、上限金額までならいくら利用しようと実質的な負担額が2,000円に収まります。上限金額は所得によって異なりますが、たとえば100,000円を寄付したとしても、98,000円分は所得税や住民税から控除されるため、実質負担は2,000円になるというイメージです。

〖 ふるさと納税のしくみ 〗

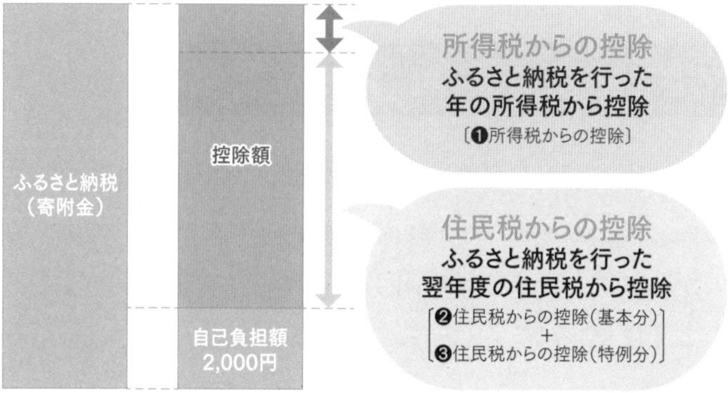

出典：総務省「ふるさと納税ポータルサイト」

上限額を超えなければふるさと納税で負担する額は2,000円で一律。2,000円以上の価値がある返礼品を受け取れば、必ずお得になります。

各地のおいしい肉やフルーツなどの豪華な食品や、伝統工芸品、日用品など、多くの返礼品を選べ、しかも自己負担は2,000円なのです。普段は食べられないグルメを楽しんでもいいですし、家計の節約に役立てるなら、普段買っているティッシュや

石けんなどを選ぶといいでしょう。
ふるさと納税で得するかどうかは、実は返礼品選びにかかっているといっても過言ではありません。ぜひ慎重に選ぶようにしてください。

ふるさと納税をすると、少なくとも2,000円は負担しなくてはならないのですが、それ以上のメリットがあるから人気なのです。
ふるさと納税をすると、ほとんどの地方自治体から返礼品をもらえます。地域の特産品をはじめ、旅行割引や日用品など、さまざまな返礼品が用意されていて、好きなものを選べます。
単純に考えれば「2,000円以上の価値の返礼品をもらえばおトク」ということになります。ちなみに、総務省はふるさと納税の返礼品を「寄付額の30％以内」にするように定めているので、お得度を簡単に計算できます。

【10万円を寄付した場合】

返礼品の実質価格：10万円×30％＝3万円
実質負担：2,000円
→28,000円おトク（2,000円の負担で、3万円分の返礼品が手に入る）

しかも、ふるさと納税は実は簡単に行えます。手続きが簡単にできるポータルサイトが複数あり、ネットショッピングのような感覚で地方自治体に寄付をすることができるのです。

各ポータルサイトはポイント還元などのキャンペーンを行っているので、うまく活用すれば自己負担の2,000円さえも取り戻すことができます。また、たまに勘違いをしている人がいますが、寄付先の自治体数ごとに2,000円の負担なのではなく、限度額内ならいくつの団体に寄付しても負担額は一律で2,000円です。

【主なふるさと納税ポータルサイト】

・楽天ふるさと納税
・ふるさとチョイス
・さとふる
・ふるなび

ふるさと納税の３つの注意点

とてもお得な制度ですが、ふるさと納税にはいくつか注意点があります。

まずは、きちんと手続きをしないと、節税効果を受けられないことです。

さきほど、10万円を寄付した場合、自己負担2,000円で3万円相当の返礼品を受け取れると説明をしました。でも、手続きに不備があると節税効果は得られません。ということは自己負担10万円で3万円相当の返礼品を受け取ることになるので、かえって損してしまいます。

ふるさと納税を受けるには、確定申告を行うか、「ふるさと納税ワンストップ特例」の手続きを行う必要があります。ふるさと納税ワンストップ特例は、寄付先の地方自治体の数が5つ以内の場合に使えるもので、各地方自治体と本人確認書類などをやり取りすることで、確定申告をせずとも寄附金控除を受けられるようになります。

《ふるさと納税ワンストップ特例が適用される例》

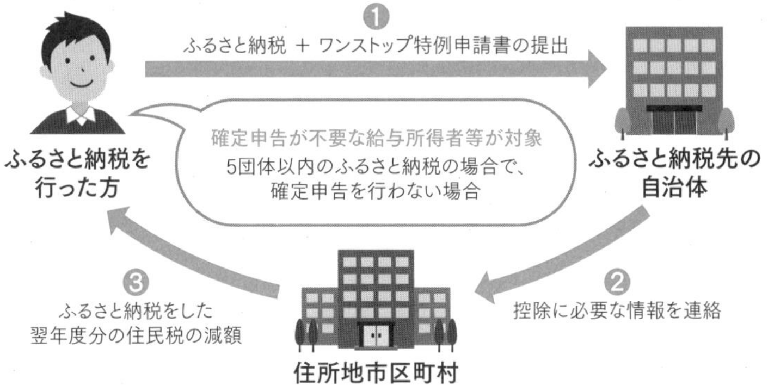

出典：総務省「ふるさと納税ポータルサイト」

寄付先を5団体以内に収められるならワンストップ特例を利用すると、手続きが少なくて済むので楽です。

次の注意点が、寄附金控除として認められる寄付金額には「上限」がある点です。控除の対象となる寄付額は、「総所得金額の40％」が上限です。これを超えて寄付をしてしまうと自己負担額が2,000円を超えてしまいます。たとえば、上限が5万円なのに7万円を寄付したら、自己負担は22,000円（7万円－5万円＋2,000円）になるのです。

寄付の上限額は各自の所得金額などに応じて増えるので、所得のない人の場合、ふるさと納税の上限額はゼロ。たとえば専業主婦の方がふるさと納税をしたら、ただの損になってしまいます。

というわけで、ふるさと納税をするときは、あらかじめ上限額の目安を押さえておきましょう。**そのときは、ふるさと納税のポータルサイトが用意しているシミュレーション機能を利用するとスムーズです。**

私がよく使っているのが、ポータルサイト「さとふる」の「詳細シミュレーション」です。ここでは、「給与所得者の方」「個人事業主・副業のある方」を選択でき、細かい情報を入力してシミュレーションできます。

最後の注意点が、寄付をするときの「名義」の問題です。ふるさと納税をするときは、収入の多い人の名義で行うことをおすすめします。たとえば会社員の夫と、専業主婦の妻の家庭で考えてみましょう。この場合、妻名義のアカウントやクレジットカードでふるさと納税をすると、寄付金の証明書には妻の名前が記載されます。

すると、このふるさと納税は夫ではなく妻に適用されます。そして、前述のとおり所得のない専業主婦の方はふるさと納税の節税効果を得られません。

もし共働きであれば、夫婦のそれぞれがふるさと納税を使うのが合理的です。それぞれの上限額を見極めて、本人の名義で手続きを行うことで、お得度が倍増します。

《 さとふるの寄付上限シミュレーション 》

より正確な金額がわかる！詳細シミュレーション

ここでは自己負担が2,000円となる控除上限額の目安を、
源泉徴収票や確定申告書をご用意いただくことで、より正確にシミュレーションができます。
まずは「給与所得者の方」「個人事業主・副業のある方」のどちらかを選択し、
必要事項を入力し、あなたの控除上限額の目安を調べてみましょう。

※詳細シミュレーションは所得が年金の方にはご利用いただけません。

▲ あくまで目安であり、より正確な計算方法や金額を知りたい場合は税理士等にお問い合わせください。

給与所得者の方	個人事業主・副業のある方

ご自身の年収や家族構成から寄付金の控除上限目安を算出できます。

(1) 総収入金額 ?	5,000,000 円
(2) 給与所得控除後の金額 ?	4,000,000 円
(3) 所得控除額の合計額 ?	100,000 円
(4) 住宅借入金等特別控除の額 ?	200,000 円
所得税の課税総所得金額	円
所得税率	%
市町村民税所得割 (※)	円
都道府県民税所得割 (※)	円
住民税所得割	円

(※) 市町村民税所得割と道府県民税所得割は市区町村より届く特別徴収税額決定通知書の所得割額をご参照ください。

自己負担2,000円となる寄付の上限目安は

円

※所得控除は基礎控除、配偶者控除、扶養控除などが含まれています。また社会保険料控除、生命保険料控除、地震保険料控除などが考慮されております。
※住宅借入金等特別控除額（住宅ローン控除）はその額や所得額、過年度の申告内容により寄付上限額に大きく影響を与えることがあり、寄付上限額が正しく出せない場合があります。
※あくまで目安であり、より正確な金額を知りたい場合は、税理士等にご確認ください。

出典：さとふる「シミュレーション&早見表」

ふるさと納税を最大限生かすためにも、できれば上限いっぱいまで使いたいところです。自分の利用できる額を把握して、賢く返礼品を受け取りましょう。

マイホームを買うと節税できる？

これから住宅ローンを使って自宅をもとうと考えているのであれば、ぜひ住宅ローン減税（住宅借入金等特別控除）を活用しましょう。

住宅ローン控除は、税額控除のひとつで、税額を直接減らしてくれる効果があります。この制度を使うための第一の条件は、「10年以上の住宅ローンを組むこと」です。

住宅ローン減税の基本的なしくみは、**「住宅ローンの年末残高の0.7%分の節税効果を最長13年間受けられる」というものです**。入居年や法改正によってこの割合や控除期間が変わりますが、たとえば2023年に35年ローンで家を買って、年末時点で2,000万円の残債があれば、「2,000万円×0.7%＝14万円」が、税額から差し引かれます。その後の控除額は年末残高の減り具合によって変わりますが、累計で100万円を超える節税効果になるはずです。

ここでひとつ注意したいのが、住宅ローン減税が認められる住宅ローンの年末残高には上限があるという点です。「認定住宅」「ZEH水準省エネ住宅」といった高品質な住宅は上限が高く、そうでない場合は上限が低くなっています。住宅ローン減税をうまく活用するには、この上限内でローンを組むというのがひとつの考え方になります。

住宅ローン減税の手続きとして、まずは新居に入居した翌年に確定申告をしなくてはなりません。確定申告書を作成するときは、国税庁がホームページ上で無料公開している「確定申告

《 住宅ローン控除の対象となる住宅 》

新築／既存等	住宅の環境性能等	借入限度額		控除期間
		令和4・5年入居	令和6・7年入居	
新築住宅 買取再販 (1)	長期優良住宅・低炭素住宅	5,000万円	4,500万円	13年間(2)
	ZEH水準省エネ住宅	4,500万円	3,500万円	
	省エネ基準適合住宅	4,000万円	3,000万円	
	その他の住宅(2)	3,000万円	0円(2)	
既存住宅	長期優良住宅・低炭素住宅 ZEH水準省エネ住宅 省エネ基準適合住宅	3,000万円		10年間
	その他の住宅	2,000万円		

(1)宅地建物取引業者により一定の増改築等が行われた一定の居住用家屋。
(2)省エネ基準を満たさない住宅。令和6年以降に新築の建築確認を受けた場合、住宅ローン減税の対象外。
（令和5年末までに新築の建築確認を受けた住宅に令和6・7年に入居する場合は、借入限度額2,000万円・控除期間10年間）

出典：国土交通省ホームページより

住宅の種類によって受けられる控除が異なります。購入した、もしくは購入を検討している住宅の種類を把握しておくことが大切です。

書等作成コーナー」を使うと便利です。

あとは、その確定申告書を所轄の税務署に提出して、還付金が振り込まれるのを待つだけ。電子申告（e-Tax）を使えば、インターネットによって自宅にいながら確定申告をすることもできます。

こうして確定申告を終えると、後日、「住宅借入金等特別控除申告書」という書類が自宅に送付されます。**この書類と、住宅ローンの年末残高証明書があれば、2年目以後は確定申告をせずとも、会社の年末調整で住宅ローン控除を受けることができます。**

Column

ふるさと納税の選び方のコツ

所得がある人なら誰でも利用できるふるさと納税は、利用しなければ間違いなく損です。しかし、寄付の方法や返礼品などで迷ってしまい、なかなか決められないという人もいるのではないでしょうか。ここでは私なりの「ふるさと納税のコツ」について紹介します。

まず利用サイトについては、なんといってもポイント還元を考えたいところです。ポータルサイトを使えば、複数の自治体への寄付が同時にでき、ポイントをもらえることがあります。

私は例年、楽天からふるさと納税をして、楽天ポイントをゲットしています。

楽天のふるさと納税は、楽天のアカウントがあればいつものショッピングの感覚でふるさと納税をすることができます。

また、楽天の「SPU（スーパーポイントアップ）」プログラムにより、いくつかの条件を満たすことでポイントの還元率を上げられます。楽天モバイルや楽天カード、楽天証券など、楽天グループをすでに利用している人はポイントが高くなるので、とくにおすすめです。

さらに時期によってはキャンペーンが実施されていて、SPUと組み合わせるとポイントが最大16倍に増えるので、タイミングを選ぶともっと節約効果が高まります。

こうしたポイント還元に加えて、各ポータルサイトが用意している限定の返礼品を狙うのもありです。たとえば「さとふる」には、大ボリュームの特産品などの独自の返礼品が多数用意されています。

寄付先については近年さまざまな返礼品が増えているので、決めるのが結構大変です。そこで寄付したいと思う特定の自治体がない場合は、人気ランキングを参考にしましょう。

寄付金額に対する返礼品の金額の割合は上限3割に決められていますが、あくまでも上限なので、返礼品によってお得度に差が出ます。具体的な割合は公開されていませんが、ランキング上位には、お得な返礼品がきている可能性が高いです。

返礼品のカテゴリー選びもポイントです。各ポータルサイトは、返礼品を食品や日用品、家電製品などのカテゴリーに分けています。食品のカテゴリーから返礼品を選んで各地のご当地グルメを楽しむのもいいですが、家計の節約目的であれば、ティッシュや石けんなどの日用品をおすすめします。

食品を選んだときに困るのは、返礼品の量が多いケースがあることです。寄付額が1万円だと、その3割として3,000円分のお肉が届くわけです。それが一度に届いて、冷凍庫に入りきらなかったという話も聞きます。その意味でも、腐る心配がない日用品はおすすめです。

ちなみに私は2022年のふるさと納税ではティッシュやトイレットペーパー、米を返礼品に選びました。日用品や食費の値上げが続いているので、家計の節約を重視した結果です。

第　5　章

無理せず勝つための資産運用の心得

長期投資が大前提

ここまでに、収入アップや節約、節税により運用資金を作る方法をお伝えしてきました。運用資金を作ったらすぐにでも投資を始めたいところですが、その前にいくつか理解しておきたい「投資の基本」をこの章で紹介します。

一般の人が資産運用において心がけるべきは「長期・分散・積立」です。この3点を基本とすることで、投資でリターンを得られる可能性が高まります。

このうち、もっとも重視すべきなのが長期投資。投資は長く続ければ続けるほど利益を得やすいのです。

その理由はいくつかありますが、まずは「複利」という言葉を押さえておきましょう。複利とは、投資した元本だけでなく、利息に対してさらに利息がかかるというしくみを意味します。これは言葉だけで説明すると難しいので、数字で見ていきましょう。たとえば毎月10万円ずつ年率5%で投資をした場合、以下のように増えていきます。

1年：元本120万円　運用益2.8万円
10年：元本1,200万円　運用益352.8万円
20年：元本2,400万円　運用益1,710.3万円
30年：元本3,600万円　運用益4,772.6万円

投資を始めた1年目の運用益は2.8万円なので、少ないと思われるかもしれません。しかし、年数が増えるにつれて運用益の伸びが加速していますよね。30年も運用を続けると、元本の2倍以上の運用益を生み出せます。

もし1年の短期投資でお金を2倍以上にするなら、理論上は100%の利回りが必要ですが、そのような高い利回りは現実的ではありません。でも、30年という時間をかければ、5%という一般的な利回りでも元本を2倍以上に増やせるのです。

では、老後に向けて2,000万円の資産を蓄えるには、毎月どれくらいのお金が必要なのでしょうか。たとえば運用利回り5%として、10年で2,000万円を作ろうとすると、毎月128,798円のお金が必要です。これはなかなか厳しいのではないでしょうか。

でも同じ利回りで30年間積立投資を続けたら、月々に必要なお金は24,000円ほど。ずいぶん現実的な数字になってきました。このように長期投資をすれば、いわゆる老後2,000万円問題も無理なく解決できるということです。

なお、銀行預金だけで2,000万円を作ろうとしたら、30年続けても毎月55,556円のお金が必要。このように比べると、やはり預金よりも長期の積立投資でコツコツ増やすのが一番現実的だとわかります。

〖2,000万円を手に入れるために必要な月々の積立金額〗

		積立期間		
		10年	20年	30年
運用利回り	0%	166,667円	83,333円	55,556円
	3%	143,121円	60,920円	34,321円
	5%	128,798円	48,658円	24,031円
	7%	115,550円	38,393円	16,394円

期間が長ければ長いほど月々に必要な金額を抑えることができます。だからこそ、早めの積立投資が推奨されるのです。

投資のリスクはゼロにならない

少し別の観点からも、長期投資のメリットを説明します。

投資で利益が出るのは、「安いときに買って、高いときに売る」が実現できた場合です。もしもタイミングを見誤ると、逆に損をしてしまいます。

この売り買いのタイミングは、投資の期間が短期になればなるほど見極めが難しくなるのが特徴です。たとえば以下のチャートは、2022年6月29日のアメリカの株価指数・ダウの値動きを示したものです。1日の間に大きく変動しているように見えます。1日の株価上昇を狙って投資をする方法をデイトレードといいますが、適切な売り買いのタイミングを見極めるのはとても困難です。デイトレードで勝つことは誰にでもできることではありません。

【2022年6月29日におけるダウの1日の変動】

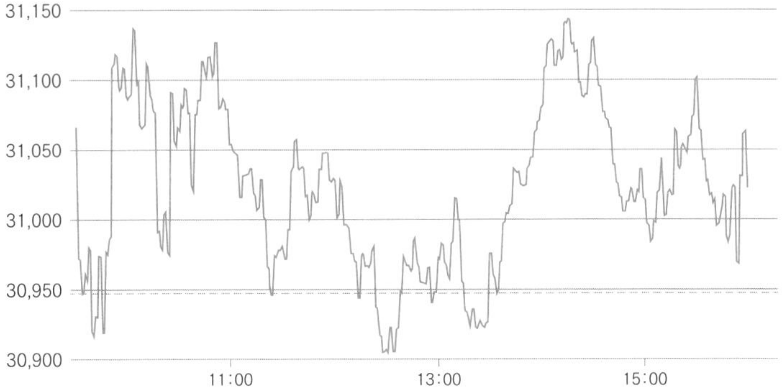

1日の中でどこの価格が安く、どこが高くなるのか、は一般人では見極めがほぼできません。短期で資産運用をすると負けてしまう人が多いのはこれが理由です。

次に、このチャートの期間を1982年以来の40年間に広げました。するとどうでしょうか。たしかに途中で値下がりをしているときもありますが、長期的には値上がりをしていますよね。このダウの値動きに連動した投資信託（詳しくは後ほど説明します）に、少なくとも10年以上の長期投資をした人は、お金は増えているはずです。

《2022年6月29日までのダウの長期的な値動き》

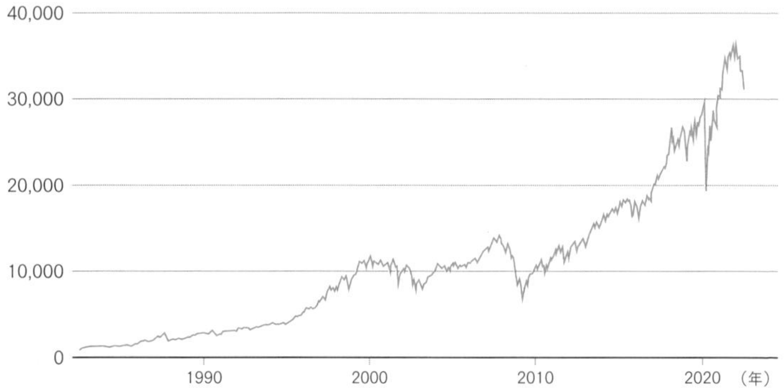

株式は経済と同じく基本的に成長するものと考えられています。そのため、部分的な変動に一喜一憂することなく、コツコツと買い続けることが資産を伸ばすコツです。

このように、株式市場は長期的には成長するのが基本です。とくにアメリカのような人口増加が見込まれる国では、長期的な株式市場の成長が期待できます。そうした国の株式などに早く投資をして、長くもっておくことが大切です。

長期投資で投資のリスクを減らせることは、過去の事例からも明らかです。同じような投資をした場合でも、1年より5年、5年より20年といった形で、長くなればなるほど、投資で損をする確率を減らすことができます。

《保有期間5年と20年を比べた時の運用成果》

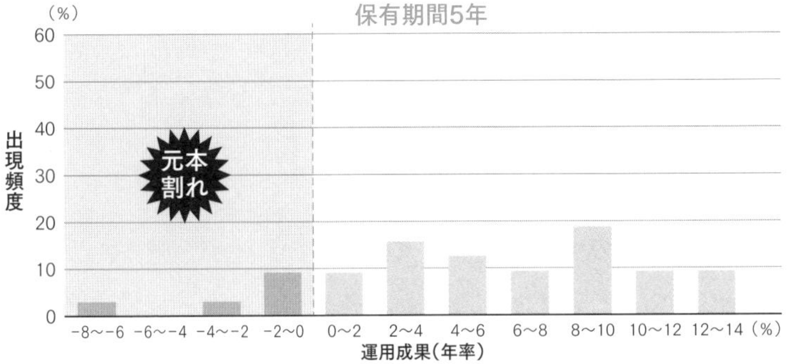

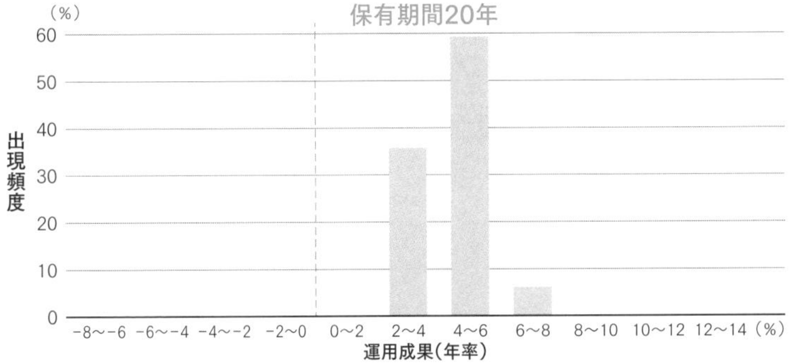

出典：金融庁「つみたてNISA早わかりガイドブック」

短期間での投資は高リスク。長期ならリスクを軽減して安定して資産が増やせます。日本人は投資といえば短期間で売買するものだと考える傾向にあるため、投資=高リスクと捉えてしまうのです。

投資とギャンブルはどう違う？

投資について、今なおギャンブルと同じように考えている人がいます。でもそれは間違いです。このことはマイナスサム、ゼロサム、プラスサムという用語で考えるとわかりやすくなります。

ギャンブルの場合、負けた人の失ったお金が、勝った人に流れる形になっています。しかも、ギャンブルの運営者の取り分が差し引かれることも特徴です。

たとえば競馬の場合、JRAが元手の20％以上のお金を差し引き、残ったお金を勝者に分配しています。このように、プレーヤーの利益と損失を合計するとマイナスになることを、「マイナスサム」といいます。

これよりも利益が出しやすいギャンブルが「ゼロサム」で、参加者の収支の合計が0になるのが特徴です。たとえば100円ずつ出し合って、2人がじゃんけんをするとします。勝った方が総どりするとすれば、勝ち＝200円、負け＝0円となり、元手とプレイヤーの総利益に差はありません。これがゼロサムで、4人で勝負する麻雀などが当てはまります。

一方、株式や投資信託などに投資をした場合、儲かった人のお金は、経済成長によってもたらされます。たとえばトヨタの株式に投資をしたとして、トヨタの株価が伸びれば、投資家は全員利益を得ます。誰かが得したからといって別の誰かが損をすることはなく、投資は期待値がプラスになるのです。そのため、「プラスサム」といわれます。

たしかに株式投資でも損をする人はいるのですが、中長期的

には株価は右肩上がりに成長するので、勝つ確率が高くなります。お金を増やしたいのであれば、マイナスサムよりもゼロサム、ゼロサムよりもプラスサムなお金の使い方をするのが合理的です。

FIREを目指すと失敗しやすい理由

日本では2020年頃から「FIRE」という言葉が流行し始め、資産運用に取り組む人が増えています。

FIREとはアメリカで生まれた「Financial Independence（経済的自立）, Retire Early（早期退職）」の頭文字を取った造語で、要は資産運用によって仕事ありきの生活から抜け出そう、という考え方です。

ただ、FIREは誰もが目指せるものではありません。さらに言えば、FIREを意識すること自体が、「長く投資をする」「分散投資をする」という、資産運用の基本中の基本を守るうえで障害になる可能性があります。

そのため、FIREはいったん頭から外して、働きながら、65歳以降に使える資金を育てるということをイメージしてください。あまり夢のないように感じるかもしれませんが、この地道な意識が、私たち一般の人にとって投資の失敗を避けるうえでとても大切なのです。

FIREを解説する本や記事には、20代から投資を始めて、30代で経済的自立を果たすようなケースが書かれています。たしかに、それが実現できれば素晴らしいことです。仕事を離れて、投資のリターンだけで人生を悠々自適に過ごすというのは、誰しも一度は憧れをもつのではないでしょうか。

ただ、その考えを現実に落とし込むと、かなりハードルが高いことがわかります。

FIREについては多くの解説書や記事があるので読んでいただきたいのですが、その考え方をごく簡単にまとめると、**年間支出の25倍の資産を準備して、その資産から年間4%のリターンを得ることができれば、一生働かなくてもいいというものです**。

たとえば月の支出が30万円とすると年間360万円となり、これを25倍にすると9,000万円です。ということは、9,000万円を貯めて年利4%で運用をすれば、理論上は毎年360万円の運用益を得られるので、生活を維持できる、というわけです。

ここで2つの問題があります。

ひとつは、そもそもの運用資金をどうやって用意すればいいのか、という問題です。さきほどの事例でいえば、リタイアまでに9,000万円を蓄える必要があるのですが、若いうちにそれだけの財産を築くのは相当大変です。

9,000万円というのは、仮に年率5%のリターンで10年間運用するとして、毎月57万9,600円の積立投資をして得られる金額です。これだけの積立投資ができる人が日本にどれだけいるのでしょうか。

十分な投資資金を用意できないのに、短期で大きな利益を得ようとすると、人は高リスクな投資に気持ちが向いてしまいます。このような焦りは「高利回りで元本保証」といった現実的にはありえない投資詐欺に騙《だま》されることにもなりかねません。

もうひとつの問題が、多くの場合、FIREを行うためには生活を切り詰めなくてはならないということです。

さきほど9,000万円を5%で運用し続ければ、毎年360万円の運用益が期待できると書きました。これを言い換えれば、**生活費を年360万円に抑えないと、お金が減っていくということです。**

もし、FIREの後の生活について、「世界中を旅行したい」「美食や趣味を楽しみたい」といったイメージをもっているのであれば、それはほぼ実現不可能です。物価の安い国に暮らす方法は考えられますが、ビザなどの問題から限られた人にしか実現できません。

ノーベル経済学賞を受賞したダニエル・カーネマン氏によると、年収7万5,000ドル（約800万円）までは、年収と幸福度は比例するといいます。ということは、FIREのために生活費を過度に切り詰めると、幸福度は落ちてしまうと考えられます。そして、FIREを達成した後も、資産を維持するためには生活費を抑えなくてはなりません。

FIREを目指す理由が、「今の仕事が辛いから」というのが理由なら、投資で実現するよりも転職や独立をするほうが現実的です。まずは自分に合った仕事を見つけ、働きながらコツコツと長期投資をする。これが多くの人にとって望ましいスタイルと私は教えています。

投資を長く続けるにはコツがある

20年から30年ほどの時間をかけてコツコツと長期投資をす

ることで、少なくとも老後に必要な資金は確保できます。とはいえ、言うのは簡単ですが投資を継続するには工夫が必要です。

突然ですが、あなたが20年前にもっていたお金は、今どこにあるのかを考えてみてください。30代の人であれば、20年前はまだ社会人になる前かもしれませんが、当時のお小遣いやお年玉は、今も残っているでしょうか？

おそらく、多くの方が20年前にもっていたお金を使ってしまっているはずです。**工夫をしていないといつの間にかお金は失われてしまうのです。**

数十年単位の長期投資を実現するために必要なことは2つあります。まずは「積立投資をする」ということです。

そしてもうひとつが、「ほったらかしにする」というものです。いったん投資をしたら、あれこれ気にせず放置しておきましょう。普段の生活をしているときは、投資をしていることを忘れてしまってもいいのです。

値動きのチェックをしないことは、精神的な動揺を避けるために大事なことです。

行動経済学の「プロスペクト理論」によると、人間は損失を回避しようとする強い傾向があり、損失の可能性を感じると非合理的な行動を取りやすいとされています。

たとえば、自分のもっている投資信託のチャートが値下がりしているのを見たとしましょう。こうしたときは、長期投資による複利効果や、株式市場が長期的に成長することを思いだし、「もう少し様子を見よう」と冷静になるべき場面です。

でも多くの場合、「これ以上下がると怖い！」といって慌てて売ってしまい、売却損となってしまうというわけです。値動きを見て冷静さを失うくらいなら、あえて気にせずにほったらかしにしていたほうが、結果的に得という場面は少なくありません。

その意味で、Twitterをはじめとする SNSとの付き合い方も気をつけるべきです。SNSには投資にまつわる情報が溢《あふ》れています。そして、極端な情報ほど拡散される傾向にあります。たとえば投資で大儲けをした人、大損をした人の発信は目を引きやすいのです。

そうした情報を目にして、影響を受けないでいるのは困難でしょう。「暗号資産で大儲けしている人が多いみたいだから、今もっている投資信託を売って乗り換えよう」「株価が大きく下がっているみたいだから、早く売らないと」といった具合です。

でも、**SNSにあがっている情報は全体のほんの一部に過ぎません**。暗号資産で大儲けしている人の裏で、実は何倍もの人が損をしている可能性もあります。そもそもSNSの発信が事実である保証さえないのです。

もし、ご自身がSNSなどの情報に影響されやすいと自覚しているのなら、何らかの工夫が必要です。たとえばTwitterには特定の言葉を含む情報をミュート（非表示）にする機能があります。ここに「投資」「株式」「暗号資産」といった言葉を指定しておけば、余計な雑音をシャットアウトできます。

積立投資なら誰でもできる

「投資を始めたいけれど、手持ちのお金がないから踏み出せない」という人は少なくないでしょう。以前の私もそうでした。

でも、そのままではいつまで経っても投資を始めることができません。私が過去の自分にアドバイスをするとしたら、「今すぐに積立投資を始めて」ということです。

積立投資とは、たとえば、「毎月10日に、投資商品Xを1万円分購入する」といった設定をして、自動的に投資を行う方法です。引き落とし日や金額は自分で設定できます。

繰り返しますが、**「使った後に貯める」のではなく、「貯めてから使う」が資産形成のコツです**。積立投資は一度設定をしたら、あとは自動的に口座引き落としで定期的に投資をしてくれるので、そこで残ったお金で生活をするという意識をもってください。

ひと月あたりの最低投資額は金融機関によって異なりますが、100円から始めることも可能です。とはいえ、あまりに投資額が少ないとリターンも少なくなってしまうので、まずは1万円くらいから始めるといいでしょう。

積立投資には、投資商品の値動きを気にせずに済むというメリットもあります。

たとえば100万円分の投資信託を買おうとした場合、やはり価格の低いタイミングで買いたいという気持ちがはたらくものです。とはいえ、慎重に選んだつもりでいても、結果的に高いときに買ってしまうかもしれません。そういうときは、「自分は投資に向いていないのかも」と思いがちです。

でも、**積立投資は、「毎月一定の日に投資をする」という形ですから、自分で購入のタイミングを判断することはありません**。私の場合、自分の会社から給料を受け取る直後を積立日に設定しただけで、あとはおまかせです。

こうしておけば、「自分の判断で失敗した」というネガティブな感情から逃れることができます。あとは、ひたすら積立日の残高不足だけに注意して、できるだけ長く投資を続けていくだけです。

ドルコスト平均法で値下がり対策

積立日によって投資信託の金額は変動しているはずです。でも**毎回の投資額は一定なので、投資信託の購入単価が自動的に平均化されていきます**。このように、積立投資によって投資時期を分散する方法を、「ドルコスト平均法」といいます。

たとえば、毎月1万円ずつ投資信託Aを買い続けるといった方法をイメージしてください。この投資信託Aが1口10円なら1万円で1,000口買えます。では、翌月に投資信託Aが5円に値下がりしていたらどうなるでしょうか？　投資額は同じく1万円なので、2,000口買えますね。つまり、**価格が安いときに多く買い、価格の高いときには少なく買うという投資が自動的に行えているのです**。

ドルコスト平均法のメリットは、投資タイミングを分散させることで、リスクを抑えられる点にあります。もし積立投資ではなく自分で売り買いのタイミングを判断していたら、投資信託を高値買いしてしまうかもしれません。でも、ドルコスト平均法を使えば、高いときに買うこともあれば、安いときに買うこともあるので、購入単価はならされていきます。このことを意識しておけば、「投資のタイミングを間違えたのではないか？」という精神的な動揺を防ぐことにつながります。

長期投資を続けるには、精神的な安定がもっとも大切です。自分で投資タイミングを判断して後悔するおそれがあるなら、自分の判断を入れない積立投資にしたほうがいいでしょう。

〘 積立投資のシミュレーション 〙

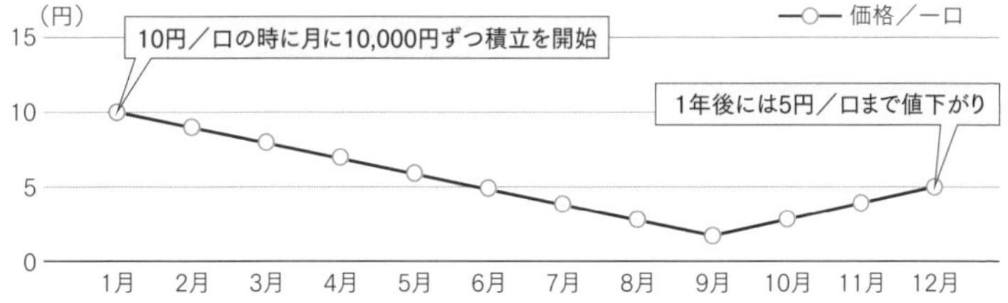

	1月	2月	3月	4月	5月	6月	7月	8月	9月	10月	11月	12月	合計
購入価格	10,000円	10,000円	10,000円	10,000円	10,000円	10,000円	10,000円	10,000円	10,000円	10,000円	10,000円	10,000円	120,000円
価格／一口	10円	9円	8円	7円	6円	5円	4円	3円	2円	3円	4円	5円	
購入個数	1,000口	1,111口	1,250口	1,429口	1,667口	2,000口	2,500口	3,333口	5,000口	3,333口	2,500口	2,000口	27,123口

出典：金融庁ホームページ「投資の基本」

仮に1月にまとめて買ってしまった場合は、12月時点で半値に値下がりしているので1年間では損になります。ドルコスト平均法を使うことで、リスクを抑えましょう。

投資の利益は２タイプ

「投資で儲ける」と一口に言っても、実は複数の儲け方があります。投資で得る利益を「リターン」といいますが、これを大きく分けると、「キャピタルゲイン」と「インカムゲイン」の

2つになります。

キャピタルゲインとは、株の売買で得る値上がり益を意味します。たとえば10万円で買った株を30万円で売れば、20万円のキャピタルゲインが発生します。不動産や投資信託など、あらゆる金融商品は値動きをしているので、その価格差から得られるのがキャピタルゲインです。

次にインカムゲインですが、代表的なものが「配当金」です。配当金とは企業が利益の一部を株主に支払うものです。配当の有無や金額、支払われる頻度は企業によって異なります。また、企業が株主に対して、優待券や自社商品などを提供する「株主優待」もインカムゲインに含まれます。

これらのリターンのうち**現役世代が意識すべきは、キャピタルゲインです**。たしかにインカムゲインも魅力的なのですが、インカムゲインが手厚い会社は、キャピタルゲインを得にくい傾向があります。一概には言えませんが、配当金や株主優待は、利益の一部を株主に還元しているわけですから、その分、事業につぎ込める資金が少なくなり、ビジネスの成長が遅れるおそれがあるのです。

ある程度投資で資産が増えた後に老後を迎えたら、そのタイミングでインカムゲイン重視の銘柄に切り替えるという考え方はありです。でも、現役で働いている私たちは、投資の利益をシンプルに考える意味でも、キャピタルゲインを重視したほうがいいでしょう。

投資と投機はまったく違う

ここまでに何度も「投資」という言葉を使ってきましたが、よく似た言葉に「投機」というものがあります。この2つの言葉の違いをイメージしておくことが、長く投資を続けるために役立ちます。

【投資】

・利益を得る目的で事業などに資金を出すこと

【投機】

・市価の短期間の変動の差益だけをねらって行う売買取引

投資と投機の意味は似ていますが、ニュアンスが少し違うことがわかるでしょうか。

投資とは、「企業などの投資先の成長に期待して、資金を出すこと」です。企業などが成長するには、当然ながら長い時間がかかりますから、その意味でも長期投資の意識が求められます。

一方、投機は短期的な売買で利益を狙う行為ですから、長期投資とは異なります。たとえば1日の間の株価の変動から利益を狙うデイトレードは投機の代表例ですし、FXや暗号資産取引も投機の側面が強いと考えられます。

投機は極めてハイリスク・ハイリターンなので、メディアやSNSなどで目立ちます。一時期は暗号資産投資で大儲けした人が「億《おく》り人《びと》」として取り上げられたことを覚えている人は多いのではないでしょうか。

そのような情報を目にすると、投機に興味がわくかもしれませんが、その裏で多くの人が損をしていることを忘れてはいけません。そして、投機で勝つことは、投資で勝つよりもはるかに難しいことなのです。

言葉の意味をきちんと考えると、「投資」に対するイメージが変わっていくはずです。日本では、一般的な株式投資であっても「投機」のように認識し、投資で儲けることをネガティブに捉える人がいます。

しかし、投資のお金は事業などの成長に活用されるものであり、社会にとってなくてはならないものです。このように投資にポジティブな考えをもつことが、長期的に資産運用を続けるうえで大切なことです。

投資の第一の目的は自分の利益ですが、できればお金の流れを大きく考えてみましょう。自分が出したお金が企業の成長につながり社会を良くする商品やサービスが生まれると考えると、投資に対する見方が変わってくるのではないでしょうか。

Column

短期投資で儲けるのは大変

この本では長期投資を勧めていますが、誰しもできればお金を早く増やしたいのではないでしょうか。ただ、短期投資で稼ぐのは現実的ではありません。そのことを、以前、投資による利益だけで生計を立てているデイトレーダーの方をインタビューしたときに学びました。

ちなみにデイトレーダーとは、短期間で株式などの売買を繰り返す投資家のことです。ときには数秒単位で売買を繰り返し、少しずつ利益を積み上げていくのです。デイトレードは基本的に投資サイトにかじりつき、ほとんど気を抜くこともできない大変な作業です。

私が取材した方は、こうしたデイトレードにより億単位の利益を稼いだということだったのですが、そのやり方を聞いて「自分には無理」と確信しました。

デイトレードのような短期投資でよく使われる方法が、「テクニカル分析」というものです。テクニカル分析とは、過去の株価のチャートをもとに値動きを予測する方法のこと。たとえば5分間の株価の動きを見て、値上がり傾向か値下がり傾向かを読み取り、売り買いの判断をするといった形です。私が取材したデイトレーダーは、まるでゲームのポイントを増やすかのようにパソコンの画面を操作していました。

しかし、これは投資初心者にとっては簡単なことではありません。プロのデイトレーダーは専用のソフトウェアなどのツールを活用して分析を瞬時に行いますが、**そこまでしても予測は100%あたることはなく、利益を得られるとは限りません**。むしろ、想定外の大きな損失を抱えることもあります。

また、デイトレードは短期間の間に売買を繰り返すため、手数料がかさむというデメリットもあります。最低でも手数料以上の利益を得ることができなければ、収支はマイナスになってしまうのです。

そもそも投資のためにあまり時間を取られたくないという人には、デイトレードのような短期投資は不可能です。株式市場が開かれている日中は常にチャートの動きに目を光らせておかなければならず、片手間でできるようなものではありません。

株式市場が開くのは平日の日中であり、多くの人が働いている時間帯です。したがって、短期投資にのめり込むと株価が気になって仕事が手につかなくなるかもしれません。そのようなことにならないためにも、仕事をもつ現役世代の人は長期投資を中心に考える必要があります。

あまり手間をかけず、しかも着実に利益を得るには、時間を味方につけなくてはなりません。長期的な経済成長や複利効果をうまく活用するためにも、「長期・分散・積立」を愚直に守るようにしましょう。

第6章

投資商品の性格を知る

投資対象にできる企業は限りがある

ここまでに投資の基本的な心得を説明してきました。ただ、実際に投資を始めようとすると色々な疑問にぶつかるはずです。

おそらく最初に迷うのが、「膨大な金融商品から何を選ぶべきか」ということではないでしょうか。

そこでこれからは、投資をする前に知っておきたい、おおまかな金融商品ごとの特徴を説明していきます。

まず、投資の代表といえば、やはり株式投資です。会社の株を買って、その株が値上がりすれば儲かる。シンプルです。株式投資をするときは、成長の見込まれる会社の株式に投資をするのがセオリーです。

日本には100万社を超える株式会社があり、これらの会社は株式を発行しています。ただ、すべての会社の株式に投資できるわけではありません。私たちが証券会社などを通じて取引できるのは、**上場審査をクリアし、証券取引所に株式上場をした「上場企業」の株式に限られます。**

《東証市場区分》

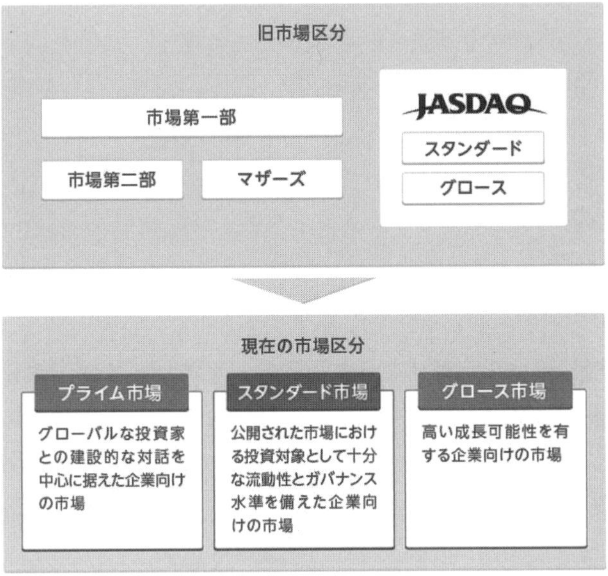

出典：JPX日本取引所グループホームページ「市場区分見直しの概要」

基本的にプライム市場>スタンダード市場>グロース市場の順に投資家からの信頼が高い企業が集まっています。信頼度が高ければリスクが小さくて済みますが、グロース市場の場合はハイリスクの代わりにハイリターンを得られる可能性があるというメリットもあります。

証券取引所として、日本では東京証券取引所（東証）が有名です（上の図を参照）。ほかにも札幌、名古屋、福岡に証券取引所がありますが、私たちが投資目的で買う株式は、基本的にすべて東証の株式と考えていいでしょう。

また、東証一部やマザーズ、ジャスダックといった言葉を聞いたことがあるかもしれません。これは東証の中に設けられていた市場区分で、審査条件に違いがあります。たとえば東証一部で上場するには、株主数2,200人以上、時価総額250億円以上といった条件をクリアする必要があります。

なお、2022年4月4日から、東証の市場区分が再編成され、プライム市場、スタンダード市場、グロース市場の3種類になっています。

上場していない株式を「未公開株」と呼びますが、未公開株の場合、証券会社で取引することはできません。株主から未公開株を直接買い取る必要があるので、普通の人が投資目的で未公開株を買うのはほぼ不可能です。したがって、本書で記載する「株式」は、上場企業の株式と考えてください。

株価が上下するからくり

日本には400万社を超える企業がありますが、最も知名度が高い東証のプライム市場に上場している企業数は1,800社ほどです（2022年7月時点）。したがって、**リスクをなるべく排除したうえで私たちが日本企業に株式投資を行うときは、この1,800社から値上がりする株式を選び取る必要があります。**

株式の価格、つまり株価は日々変動しますが、これはその株式に対する需給バランスによります。簡単に言えば、株を買いたいという人が多くなれば株価は上がり、逆に売りたいと思う人が多くなれば株価は下がるということです。

実際は、このほか経済情勢や為替レートなどさまざまな要素が株価に影響しますが、まずは「成長が見込まれる会社の株価は上がる」「衰退が見込まれる会社の株価は下がる」という基本を覚えておいてください。

〖株価が変動するしくみ〗

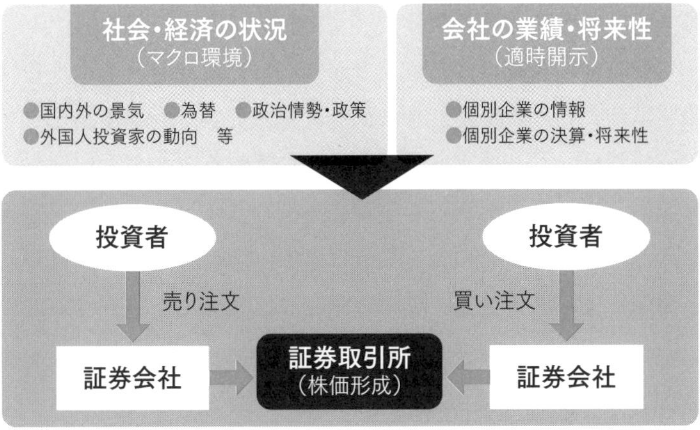

2つの大きな要因により、個別企業の具体的な株価を形成

出典：JPX日本取引所グループホームページ「なるほど！ 東証経済教室」

株式の価格は売りと買いのバランスで上下します。買い注文が増えれば価格は上がり、売り注文が増えれば価格は下がりますが、当然価格が上がれば売りたい人が増えて、価格が下がれば買いたい人が増えるので、見極めがとても難しいのです。

このように、株価には投資家の心理が色濃く反映されます。たとえば企業の不祥事が起きたときに株価が下がるのは、その企業の先行きに不安をもった投資家が株を売ろうと考えるからです。一方、そのような値下がりのタイミングを狙って株を買おうと考える投資家もいます。**不祥事でいったん会社の評価が落ちたとしても、将来的に業績が良くなると予測できれば、「投資すべき」と判断できます**。

ちなみに、会社の関係者などが株価に影響を与えるような情報を事前に仕入れてこれを利用し、株式売買で利益を出そうとする行為はインサイダー取引と言って違法行為です。

そのため、株価の上下を完璧に予測するのは不可能で、どういったタイミングで売買を行うべきか、というのは非常に難しい問題です。イギリスの経済学者であるジョン・メイナード・ケインズは、株式投資のことを「美人投票」にたとえています。ここでいう美人投票とは、「他の人が投票しそうな候補者」に投票するということです。

たとえ自分が美人だと感じる人でも、他の人にとってはそうとは限りませんよね。**自分が成長すると見込んで買った株式も、他の多くの人が逆の考えをもっていたら株価は下がってしまうのです**。

株価の変動を読んで利益を稼ぎ続けることは、日々多くの情報を分析している投資のプロを目指すような人でなければ、後述する「投資信託」という金融商品を使って数百社の株式に分散投資を行うのがおすすめです。

債券はリスクゼロという勘違い

投資対象として、株式とよく比較されるのが債券です。債券とは、国や地方自治体、企業などが資金調達のために発行するもので、この債券を買うことが投資の一種となっています。

債券を買うのは、「お金を貸す」こととほぼ同じ意味です。たとえば日本が発行している国債を買えば、日本政府にお金を貸していることになり、**返済日（償還日）になると元本と事前に決めていた条件で利息が支払われます**。

債券には、国債のほかにも企業が発行する社債や、地方自治体が発行する地方債など、いくつかの種類があります。さらに、元本に利息がつく「利付債」のほか、利息がつかない代わりに額面よりも安く買える「割引債」など、多種多様です。

〖 債権で利息が手に入るしくみ 〗

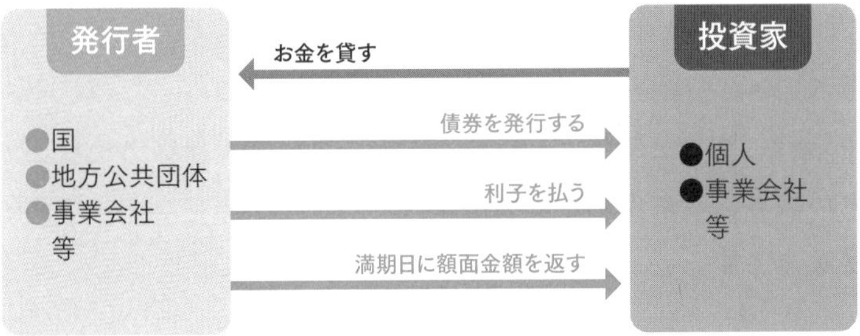

出典：丸三証券ホームページより

債券は基本的にお金の貸し借りだと考えていただいて構いません。あらかじめ利益を上乗せして返してもらえることがわかっているので、比較的リスクが少ないと考えられています。

一般的に、債券は株式よりもリスクが低いとされているのは、株式ほどの値動きがないからです。その一方で、大きなリターンは期待できません。たとえば日本の国債を5年間の固定金利方式で購入した場合、利率は0.05％以下。さらにここから税金が引かれるので、実質的に0.04％以下のリターンになってしまいます。

なかには、高いリターンが設定されている債券もあるのですが、注意が必要です。債券の発行体の資金繰りが悪化し、償還日になっても元本や利息を支払えないという事態に陥ると、デフォルトになってしまい、投資家にお金が戻ってこないおそれがあります。

債券のリスクとリターンは相関関係があり、高いリターンが設定されている債券ほど、デフォルトのリスクが高くなっています。そうした債券は「ハイイールド債」や「ジャンク債」などと呼ばれ、年利は10％を超えるものもあります。

国債のような信用力が高い債券は利回りが低く、ハイイールド債などの信用力が低い債券は利回りが高くなる。このしくみを理解しておかないと、**「債券だから安全」「利率がいいからこっちの債券にしよう」と安易に考えて損失を抱えてしまうこともあるのです**。

不動産は一般的な投資とは異なる

数ある投資方法のなかでも、他と違った特徴をもつのが不動産投資です。不動産投資は、マンションなどを購入して、次の利益を得るために行います。

1　借り主から得る家賃収入
2　物件を売ったときに得る利益

株式や債券などの投資と比べて、不動産投資にはさまざまな工夫の余地があります。まずは物件の購入時に、どのような立地を選ぶか、どれくらいの予算で購入するかが重要です。

借り手の集まりやすい立地は魅力的ですが、その分購入価格が高くなります。ただ、予算を抑えて田舎の物件を買うと、借り手がつかずに損をしてしまうかもしれません。通常は一回で数百万円から数千万円単位の投資になるので、慎重に物件選びを行う必要があります。

物件選びが終わった後も、家賃をいくらにするか、内装にどこまでこだわるか、広告を出すか、といったさまざまなことを考える必要があります。物件の維持管理を依頼する管理会社に支払う費用や火災保険や地震保険など、さまざまなコストも考えなくてはいけません。

不動産投資の広告などで、「表面利回り○%」といった表現を時々見かけますが、これを鵜《う》呑《の》みにするのは危険です。表面利回りとは、物件価格に対して**最大でどの程度の家賃収入が得られるかという目安に過ぎません**。賃貸のためにかけるコストは表面利回りには反映されておらず、そもそも入居者が常にいるわけでもない。となると、そうしたリスクを考えずに投資をすると、結局は損をすることになってしまいます。

不動産投資で利益を得るには、経営的なマインドが求められます。こういったことを工夫するのが好きな人であれば、不動産投資は良い選択肢になるかもしれません。でも、あまり投資に時間や手間をかけたくないのであれば、不動産投資は避けたほうが無難です。

もし、**手間暇をかけず、不動産投資の利益だけを得たいというのであれば、REIT（不動産投資信託）を買うほうがいいでしょう**。REITとは、投資家から集めた資金で、オフィスビルや商業施設、マンションなどを購入し、その賃貸収入や売買益を投資家に分配する商品です。

もっとも、損をするリスクがあるのはREITも他の金融商品も同じです。REITを通じて投資をした物件が値下がりをしたり、賃料収入が想定より低くなったりした場合、損失を被ることになるので、やはり慎重に考える必要があります。

初めての投資は投資信託がベスト

ここまでお伝えしてきたように、投資の対象となる金融商品には、さまざまなタイプがあります。株式、債券、不動産を代表的なものとして取り上げましたが、投資できるものはこれだけではありません。金やFX、暗号資産、先物なども含めると、投資の選択肢は膨大です。

そうした多くの選択肢のなかから商品を選ぶのは簡単なことではありません。1回限りの売買ならまぐれ当たりもあるでしょうが、老後に向けて長期的に資産を育てていくには商品選びを慎重に行う必要があります。

そこで私がおすすめするのが、投資信託で積立投資をするという方法です。投資信託には、次のようなメリットがあり、初心者が資産運用を始めるのにうってつけです。

1　少額から始められる
2　運用をおまかせできる
3　分散投資でリスクを軽減できる
4　つみたてNISAやiDeCoなどの税制優遇を受けられる

まずは、投資信託がどのような投資商品なのかを理解しておきましょう。投資信託とは、投資者から集めた資金を元手に運用会社が運用し、発生した利益を投資者に分配するというもの。簡単に言えば、投資をプロにおまかせするということです。

〖 投資信託のしくみ 〗

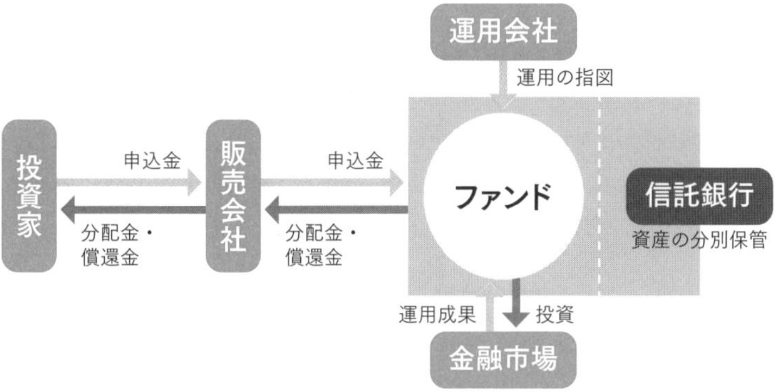

出典：一般社団法人投資信託協会ホームページ「投資信託の仕組み」

投資信託では、一般的な投資よりも投資家が行わなければならないことがずっと少ないです。知識が少ない人でも楽々始められる点は大きなメリットになります。

自分で運用をしようとすると、いつ、どのような銘柄を、いくら買うのかといった判断を常に求められます。買った後も、いつが売りどきなのかを考えねばなりません。この判断を誤ると、損をしてしまいます。

でも投資信託に投資をすると、プロが投資信託ごとの運用方針にしたがって売買をしてくれます。たとえば投資信託で投資先の株式が値下がりしそうになったら、より見込みのある株式に買い替えてくれるのです。運用を任せているこちら側があれこれと考える必要はありません。

投資信託の商品は非常にバラエティ豊かで、投資対象によって以下のように分類されます。

投資信託の主な商品

投資対象	国内	海外
株式	国内株式型	海外株式型
債券	国内債券型	海外債券型
REIT（不動産投資信託）	国内REIT	海外REIT
その他（金、原油等）	コモディティファンド	

バランス型

そして、同じ分類のなかでもさまざまな投資信託の商品があります。たとえば海外株式に特化したものもあれば、海外の中でも新興国に特化したもの、国内株式に特化したものなど、さまざまです。

投資信託なら自動で分散投資が可能

投資の世界には「卵はひとつのカゴに盛るな」という格言があります。

ひとつのカゴに卵を入れていると、カゴを落としたら卵が全滅してしまいます。でも複数のカゴに卵を分けていたら、たとえひとつのカゴが落ちても他のカゴは無事です。生き残った卵を鶏まで育てれば、卵の数はだんだんと増えていくでしょう。

全資金をひとつの株式だけに投資すると、その会社の経営状況が悪化して株価が下がれば大損をしてしまいます。万が一、その会社が潰れてしまえば株式の価値はゼロになるので資金がすべてなくなってしまうことになります。

しかし、投資先を増やすことで、このような事態を防げます。たとえば100万円の投資資金があるとしてひとつの会社の株式だけを買うのと、5社の株式を買うのとを比べてみてください。**この場合、5社に投資をしたほうがリスクは低くなります。**5社のうちの1社の株価が下がったとしても、他の4社の株価が上がればいいからです。

さらに投資先を増やし数十、数百という数の会社に投資をしていたら、よりリスクを抑えることができます。このように、「複数の銘柄に投資をする」という投資方法が、分散投資です。

【分散投資の例】

1　異なる業種の銘柄に投資をする

2　異なる国の銘柄に投資をする

3　異なる資産（株式・債券・不動産など）に投資をする

株式投資であれば、複数の銘柄に分散投資をすればリスクを下げられます。たとえば、コロナ禍で旅行関連会社の株価が暴落したように、ときには業界全体の株価が落ちてしまうようなこともあります。**そのため、分散するのであればさまざまな業界の株式に分散するのがベターです。**

ただ、こうした分散投資を、投資信託を使わずに行うのは大変です。たとえば、あなたが数百、数千もある株式に投資を行うことを考えてみてください。株式には銘柄ごとに最低投資額があるので、かなりのお金が必要ですし、購入の手続きをするのも手間がかかります。

こうした問題を、投資信託は一挙に解決してくれるのです。

投資信託を運用する運用会社は、株式の購入や売却などの判断を行い、さまざまな銘柄に投資をしてくれます。つまり、投資信託そのものが、分散投資の考えを取り入れています。詳しくは次章で解説しますが、**「インデックスファンド」というタイプの投資商品を買うと、それだけで、数百、数千の企業に分散投資をしたことになります。**

しかも、投資信託の運用会社は、個人では普通アクセスできない投資先へも投資を行っています。たとえば個人で海外企業の株式や不動産などに投資をするのは難しく、これを無理にやろうとすると外国語の書類でやりとりをする必要があり、手間やコストがかかってしまいます。でも、こうした海外の投資商品も、投資信託を通じて簡単に投資できます。

分散投資が大事と聞くと、投資に慣れていない人は「どうやって分散すればいいの？」と迷うはずです。そんなときは、「投資信託を買う＝分散投資」と理解しておけば問題ありません。

あとは、投資信託の商品ごとに、分散投資の中身が違うので、その特徴を踏まえて選んでください。

すべての投資には手数料がかかる

投資をするときは、常にコストを考える必要があります。どのような方法であれ、投資資金以外にもコストがかかるものであり、投資信託も例外ではありません。投資信託を運用する際にかかる主な費用は次のとおりです。

【投資信託にかかる手数料】

- 購入時手数料：投資信託の購入時に投資家から販売会社に支払う費用
- 運用管理費用：運用中にかかり、信託財産から間接的に差し引かれる費用（信託報酬）
- 信託財産留保額：投資信託の換金時にかかる費用

このうち購入時手数料と信託財産留保額は、さほど気にする必要がありません。継続的にかかるコストではないですし、購入時手数料がゼロ（ノーロード）という投資信託が多くあります。信託財産留保額についても換金時に0.2～0.3%という低い率ですから、売買を繰り返さない長期投資を前提にするなら問題ありません。

一方、信託報酬には気をつける必要があります。信託報酬は、投資信託をもっている間は常にかかるコストになります。たとえば年率1%の信託報酬であれば、100万円分の投資信託に対して毎年1万円がかかる計算です。

私は長期投資を勧めていますが、長期投資を行うということは、それだけ長い期間信託報酬を払い続けなくてはならないということです。もし、あなたが買った投資信託の平均利回りが5%だったとして、この投資信託の信託報酬が1%であれば、差し引きでリターンは4%になってしまいます。投資信託で高いリターンを得るためには、**信託報酬に注意を向けることが大切なのです**。

税金面でも投資信託が一番有利

投資信託への投資が有利な理由は、税金のしくみにあります。**投資信託の場合、分離課税なので税率が大きく増えるおそれがありません**。

もし暗号資産で1億円の利益を得た場合、総合課税の最高税率に達するので半分近くの利益が税金で取られてしまいます。しかも、暗号資産の投資で損をしたとしても税金上の救済措置はありません。

この点が暗号資産で破産した人が出てしまう理由です。暗号資産は変動幅が大きいので1年で1億円の利益を出すこともあれば、1億円の損失を出すこともあります。資産運用1年目に1億円の利益を出して、2年目に1億円の損失を出した場合、手に入れた金額は0円であるにもかかわらず、損失の繰り越しができないために1年目の利益に丸々課税されてしまうのです。結果、収支は約マイナス4,000万円にもなってしまいます。

でも、投資信託であればいくら利益が大きくとも税率は一律

20.315%。しかも、損益を出した場合の措置もあります。

個別の上場株式と投資信託を比べれば、税金の取り扱いは同じように見えます。個別株を売却した場合も、投資信託を売却した場合も、同じく分離課税で税率は20.315%です。

でも、実は目に見えないところで大きな違いがあります。まずは、非課税の特例について。現在、上場株式や投資信託から得た利益に対する非課税制度が複数設けられています。このうち、つみたてNISA、iDeCo（個人型確定拠出年金）、企業型確定拠出年金は個別株の取引には使えず、投資信託の積立投資であれば使えます。

投資信託に税金がかかるのは、投資した人が実際に売却益や分配金を得たときに限られることもポイントです。投資信託の中で運用会社が株式などを運用しているので、間接的に配当や利子、売却益が発生しているのですが、その時点で税金はかかりません。あくまでも投資信託を買った人のもとに利益が入ったときだけ税金がかかるのです。

Column

投資の失敗を甘く見ない

これからの時代、自分の資産を育てるうえで投資を無視することはできません。

ただし、当然ながら投資にリスクはつきものです。投資により得られるリターンとリスクは比例するので、着実に資産を増やしたいのであれば、ある程度はリスクを取る必要があります。

ここで気をつけたいのが、過度なリスクは取らないということです。

私は個別株や、FX、暗号資産などの短期投資はやらないと決めています。その理由は、国税職員だった頃に、こうした短期投資で失敗した人を数多く見てきたからです。

20年ほど前、友人のひとりが個別株投資にハマっていたのですが、ある日、彼が投資していたライブドアの不祥事が発覚して青い顔をしていました。

当時、東京地検特捜部がライブドア本社などに強制捜査を行ったことを機に、ライブドア関連の株価が暴落していました。後にライブドア・ショックと呼ばれた一連の騒動によって、同社は上場廃止に。友人がもっていた株式は、一気に無価値になってしまったのです。

その後、私は税務署に配属され、株式投資の確定申告の相談対応や申告書のチェックを担当するようになりました。そこで毎年のように株式投資で数百万円単位の損をしている人がいることを知り、「株式投資は危険」と考えるに至ったのです。

しかし、株式投資がすべて危険というわけではありませんでした。そのことを、私はフリーランスとして独立し、資産運用のプロの方に取材をする中で、学んだのです。

私の友人のように個別株に集中投資をすると大きな損をするおそれがありますが、分散投資をすればリスクを抑えられます。**さらには長期投資を心がけると、安定的に資産を増やせます**。

投資を始めるときは、「リスク許容度」を見極めることが重要です。リスク許容度とはリスクを容認できる度合いのことで、年齢や収入、家族構成などにより人それぞれ異なります。

投資のリターンとリスクは比例するので、高いリターンを求めようとすると、高いリスクを負うことになります。そのため、まずは自分でリスク許容度を考えて、無理なく継続できる投資スタイルを選択することが大切です。

あまりに高いリスクを取ることはもちろん、過度にリスクを恐れて投資を一切しないことも問題です。自分が取れるちょうどいいリスクを見極めるようにしましょう。

第　7　章

実際に資産運用をやってみる

証券会社はネット証券を選ぶ

老後に向けた資産形成のためには「長期・分散・積立」が大事であることを説明してきました。そのためにやるべきことはシンプルです。

1　収入アップ、節約、節税を心がけ、運用資金を確保する
2　投資信託の積立投資をする
3　つみたてNISAやiDeCoなどの税制優遇制度を活用する

ただ、初めての人がこれを実行しようとすると、いくつか迷うことが出てくるはずです。たとえば証券会社や投資商品の選び方、税制優遇制度の手続きなどです。これらの点を順番に解決していきましょう。

まずは、証券会社の選び方からです。株式にしろ、投資信託にしろ、証券会社の口座がなくては取引をすることができませ

ん。ですから証券口座を開設する必要がありますが、サービスなどの違いがあるので、自分にもっとも合った証券会社を選ぶ必要があります。

証券会社を選ぶときは、「店舗型」と「ネット型」という大きく2つのタイプがあることを覚えておきましょう。それぞれ長所と短所があるので、これを比べてどちらがいいのかを考えてみてください。

〚 店舗型とネット型の比較 〛

	店舗型	ネット型
メリット	・担当者から投資のアドバイスを受けることができる ・困ったときに窓口で相談できる	・手数料が安く、取扱商品が多い ・会員用ページの情報量が豊富 ・営業時間を気にせず、自分の都合のいい時間に取引ができる ・営業電話などが来ない
デメリット	・手数料が割高な商品を薦められる可能性がある ・証券会社から営業電話が来る可能性がある ・営業時間外は対応してもらえない	・窓口がないので、基本的には自己解決が必要（電話等によるサポートはあり） ・スマホやネットの操作が必要

ネット型ができたことで、スマホひとつで簡単に投資が可能になりました。1人で投資を始めるのは不安という人以外は、是非ネット型に挑戦してください。

このように店舗型とネット型にはそれぞれ特徴がありますが、**私はネット型をおすすめします。なんといっても手数料が安いのが魅力的ですし、自宅にいながらパソコンで手続きができる**

のが便利だからです。

また、店舗型のメリットである担当者のアドバイスは、「投資信託で積立投資」というスタイルなら基本的に必要ありません。最初からいい投資信託を選んで、あとは淡々と投資を続けるだけですから、それ以上に情報があると初心者にとっては雑音になってしまいます。

証券会社の担当者から薦められた商品が、他の商品よりも優れているという保証はどこにもありません。それに、本当に顧客のことを考えて商品を薦めてくれる会社や社員ばかりならまだしも、手数料収入目当てということも考えられます。売買を繰り返せばそれだけ証券会社には手数料収入が入るわけですから、相手の話を鵜呑みにして投資をするのは危険です。

私が国税職員として相続税調査をしていた頃、投資で大きな失敗をしている人を目にすることがあったのですが、「証券会社の人の言うままに売買していた」という共通点がありました。もちろんすべての証券会社に当てはまることではありませんが、自分で良し悪しが判断できない人からすると、危険であることは間違いありません。

その点、ネット証券であれば、証券会社からメールで広告は来るものの、営業電話が来るようなことはありません。メールも必要なければ設定でオフにできます。

初心者の方は、「不慣れだから店舗型のほうがいいかも」と考えがちですが、むしろ不慣れだからこそネット証券で口座を開設しておいたほうがいいのです。

証券口座は特定口座がおすすめ

ネット証券であれば、インターネットでいつでも口座開設の手続きができます。手順は「口座開設の申込」「本人確認書類の提出」「初期設定」というおおむね3段階となっています。この手続きが終わると、IDが交付されてネット証券のホームページにログインできるようになります。あとは、取引を始めるだけです。

なお、証券口座には複数のタイプがあり、「一般口座」「特定口座（源泉徴収あり）」「特定口座（源泉徴収なし）」という3つのタイプから選べます。このうち、**必ず「特定口座（源泉徴収あり）」を選んでください**。

《 証券口座の種類と特徴 》

口座の種類		確定申告	年間取引報告書
一般口座		必要	なし
特定口座	源泉徴収なし	必要	あり
	源泉徴収あり	原則不要	あり

口座開設で多くの人が迷ってしまうのが、口座の種類。源泉徴収ありの特定口座なら面倒な手続きを減らすことができます。

特定口座にするメリットは、証券会社に年間取引報告書という書類を作ってもらえる点にあります。年間取引報告書とは、1月1日から12月31日までの1年間にその口座で行った取引の結果がまとめられているもので、利益や損失を確認したり、確定申告をしたりするときに便利です。

さらに、特定口座の中でも**「源泉徴収あり」を選ぶことで、税金の手続きのほとんどを証券会社におまかせできます**。利益が出たときに、ここから自動的に20.315%の税金を源泉徴収して、納税をしてくれるのです。

もしも一般口座や特定口座（源泉徴収なし）を選んでしまうと、自分で投資の利益や損失を計算して確定申告をしなくてはなりません。これはかなり面倒です。

さらには、株の利益を確定申告すると、家族の配偶者控除や扶養控除などが外れてしまうおそれがあります。

第4章で説明したように、これらの所得控除は、扶養されている人の所得が一定以上になると使えません。たとえば夫に扶養されている妻が投資で大きな利益を上げると、それまで使えていた配偶者控除がなくなり、夫の税金が増えてしまいます。

でも、特定口座（源泉徴収あり）にしておけば、このような事態を避けることができます。**確定申告をする必要がないので、配偶者控除などの判定に影響を与えないのです**。

個人事業主など、国民健康保険に加入している人も、特定口座（源泉徴収あり）にするメリットが大きいです。もし投資で得た所得を確定申告すると、その所得が国民健康保険の保険料に反映されるので、投資で大きな利益を得ると保険料が増えてしまいます。特定口座（源泉徴収あり）にしておけば、国民健康保険の保険料には影響しません。

このとおり特定口座（源泉徴収あり）はさまざまなメリットがあるので、選ばない理由がないのです。

つみたてNISAがお得と言われる理由

口座を開設したらすぐに投資を始めたくなるかもしれませんが、その前にやっておきたいことがあります。税制優遇を受けるための手続きです。

現在、証券会社を通じて手続きできる基本的な税制優遇制度は、「一般NISA」「つみたてNISA」「ジュニアNISA」「iDeCo」の4つです。

このうち私は、**つみたてNISAとiDeCoをおすすめします。**なお、一般NISAとジュニアNISAは2023年をもって廃止予定であることから、説明を割愛します。

前述のとおり、株式や投資信託などの投資で利益を得ると、20.315％の税金がかかります。しかし、つみたてNISAやiDeCoで運用すれば、**投資額の上限はあるものの、利益を非課税にすることができます。**

というわけで、まずはつみたてNISAから。つみたてNISAは、「長期・分散・積立」が実践できる投資信託の積立投資を行う場合に使える制度で、個別株の取引などは対象外です。つみたてNISAを利用すると、毎年40万円を上限として、投資信託を購入した年から20年間は、その投資信託から生じる分配金や運用益がすべて非課税となります。

2023年につみたてNISAを始めれば、合計で40万円×20

年＝800万円までの積立投資が非課税になります。

また、2024年から新しいNISA（新NISA）がスタートし、さらに投資環境が良くなります。新NISAの非課税期間は無期限となっており、新NISA口座内で運用すれば運用益を得ても税金がかかりません。

年間投資可能額についても、新NISAはつみたてNISAよりもパワーアップします。新NISAには、従来のつみたてNISAに相当する「つみたて投資枠」と、個別株投資などに対応する「成長投資枠」という2つの枠があります。つみたて投資枠は年間120万円、成長投資枠は年間240万円が限度で、これらの枠を併用できるため、最大で年間360万円まで投資をすることが可能です。

新NISAには、非課税保有限度額という枠組みがあり、1人が生涯で使える非課税枠は1,800万円まで（この内、成長投資枠は1,200万円まで）となります。それでも従来のつみたてNISAよりも非課税枠は大きくなるので、積極的に利用したい制度であることは間違いありません。

つみたてNISAや新NISAを始めるには、金融機関で専用口座（以下「NISA口座」）を開設する必要があります。NISA口座は1人1口座しかもてないので、どの証券会社で手続きをするかを決めておかなくてはいけません。

ネット証券であれば、インターネットから申し込みを行うことができますが、すぐにNISA口座が開設されるわけではありません。証券会社から税務署に申請を行い、その審査をクリアするまでに1～2週間程度の時間がかかります。

ちなみに、税務署による審査は、年齢や、複数の金融機関で申請されていないかなどをチェックするもので、通常は落ちることはありません。その後、無事にNISA口座が開設できたら、あとは投資信託を選び、積立投資の設定を行うだけです。

投資をするときは、どうしても商品選びに迷うものですが、つみたてNISAを利用するだけで選択肢はかなり絞られます。2023年2月2日現在、つみたてNISAの対象商品は220本ですから、株式のなかから優良銘柄を探すよりも手間がかかりません。

しかも、つみたてNISA内なら、自ずと優良な投資信託を選べますから、投資の第一歩はここから始めてみるといいでしょう。

iDeCoでじぶん年金をつくる

iDeCo（個人型確定拠出年金）とは、個人でお金を出してつくる年金、いわゆる「じぶん年金」です。第1章でお伝えしたとおり、厚生年金や国民年金などの公的年金だけでは老後の生活に不十分ですが、iDeCoを活用すればこれを補うことができます。

iDeCoに加入すると、毎月一定のお金を掛金として支払い、これを運用した金額を原則60歳以後に受け取るというものです。iDeCoは20歳以上60歳未満の個人であれば誰でも加入でき、次のとおり働き方などによって毎月の掛金の上限が定められています。

《 iDeCoの拠出限度額 》

加入資格		拠出限度額
第1号被保険者・任意加入被保険者 自営業者等		**月額6.8万円** （年額81.6万円） **国民年金基金または国民年金付加保険料との合算枠**
第2号被保険者 会社員・公務員等	会社に企業年金がない会社員	**月額2.3万円**（年額27.6万円）
	企業型DCのみに加入している会社員	**月額2.0万円**（年額24.0万円）
	DBと企業型DCに加入している会社員	**月額1.2万円** （年額14.4万円）
	DBのみに加入している会社員	
	公務員	
第3号被保険者 専業主婦（夫）		**月額2.3万円** （年額27.6万円）

会社員であれば、1.2〜2.3万円が上限ですが、自営業であれば月々6.8万円もの運用が可能です。夫婦で別々に運用が可能な点もポイント。

iDeCoの運用方法には「元本確保型（定期預金）」「元本確保型（保険）」「価格変動型（投資信託）」といったタイプの違う金融商品があり、さらにその中から複数用意されています。たとえば「定期預金30%、保険20%、投資信託50%」というような組み合わせも可能です。

ただ、iDeCoの運用は100%投資信託でいいというのが私の考えです。なぜなら、元本確保型は投資で利益を得るという意味では力不足だからです。元本確保型の定期預金の金利はおおむね0.002%であり、ほとんど利息はつきません。ということは、たとえ利息が非課税になっても節税効果によるメリットはほぼないということです。

しかし、価格変動型の投資信託は、元本保証はないものの、長期的に続けることで高いリターンを狙え、しかも、運用益は非課税です。このメリットを最大限に活かす意味でも、iDeCoは投資信託で活用するのが合理的といえるでしょう。

iDeCoは毎年の税金を少なくしてくれる

つみたてNISAとiDeCoは併用できるので、お金に余裕があれば両方活用したいところです。

たとえば勤務先に企業年金がない会社員の場合、iDeCoとつみたてNISAを最大限使うと月々6万6,000円ほど投資できます。仮にこれを20年間、平均利回り5%で運用したとすると運用益は約1,100万円。元本と合わせると約2,700万円となり、老後資金の不足を補うことができます。

ただ、すぐにそれだけのお金を出せないという場合、どちらか一方を選ぶか、併用しつつ積立額を抑えることになるでしょう。この場合、つみたてNISAとiDeCoの違いを踏まえて優先順位を考える必要があります。

これら2つの制度はそれぞれ一長一短で、「どちらかを絶対に優先すべき」とは言えません。

節税効果を比較すると、基本的にはiDeCoのほうが効果が高くなります。というのも、iDeCoの掛金は全額「小規模企業共済等掛金控除」という控除の対象となり、たとえば年間50万円をiDeCoの掛金として出した場合、その人の所得から50

万円を控除として差し引くことができます。

一方、つみたてNISAの投資額は、税金の計算に影響しません。iDeCoのように、投資額がそのまま節税効果につながらないのです。

また、運用益が非課税という点はつみたてNISAもiDeCoも同じなのですが、つみたてNISAの非課税期間は20年を超えることはありません。iDeCoの場合、加入するタイミングにもよりますが、たとえば30歳で加入すれば、60歳以降にお金を受け取るまでの30年間ずっと非課税です。

最後に、受取時の税金について比較すると、こちらはつみたてNISAのほうが有利です。つみたてNISAで運用した投資信託を現金化して受け取ったときは、税金は一切かかりません。

一方、iDeCoで60歳以降に受け取るお金は、一括給付であれば退職所得、分割給付であれば雑所得の扱いになり、所得税や住民税の対象になります。ただ、退職所得であれば退職所得控除が、雑所得なら公的年金等控除として差し引かれるので、一般的な所得に比べれば税負担は抑えられます。

これらの違いを総合的に考えれば、**掛金が所得控除になり非課税期間を長く取れるiDeCoのほうが節税効果は高いと考えられます**。とくに給料での収入が多く、毎年の税金が高い人にとっては、iDeCoで節税をすることは効果的です。

つみたてNISAは柔軟な運用が可能

節税効果としてはiDeCoに軍配が上がるものの、つみたてNISAにも優れた点があります。それは、家計の状況に合わせて柔軟に利用できる点です。

iDeCoの場合、いったん利用を始めると、原則として60歳以降の受け取り開始時期まではお金を戻せません。そのため、掛金をあまり多く掛けると、いざというときに困る可能性があります。

たとえば転職により収入が減った場合や、教育費や医療費などで急な支払いが必要になったときのことを考えてみてください。そのとき、iDeCoでいかに多くのお金を積み立てていたとしても、これを引き出すことはできません。この点、**つみたてNISAであれば、いつでも投資信託を現金化することができます**。

また、iDeCoの掛金は最低5,000円であり、掛金の変更ができるタイミングは1年に1度きりです。そのため、家計が苦しくなったとしても、すぐに掛金を減らすことはできません。

この点については、つみたてNISAの場合、月々の積立額はすぐに減額できます。金融機関によっては**月額100円まで減らせるので、家計が厳しいときは助かるでしょう**。それでも家計が厳しいときは、投資信託を売却して現金にすることも可能です。

このような違いがあるので、iDeCoを利用する場合は、月々の掛金の設定をより慎重に行う必要があります。投資でリターンを得るためには多く積み立てたいところですが、無理のない金額にしておくべきです。

もしどちらか一方にしようとして迷うのであれば、まずはつみたてNISAにしておくことをお勧めします。そこで積立投資を経験し、家計に無理がないことを確認できたら、iDeCoを取り入れることを検討してみましょう。

ぜひとも使いたい企業型確定拠出年金

iDeCoと似たしくみの制度に、「企業型DC（企業型確定拠出年金）」というものがあります。これは誰でも使える制度ではなく、企業型確定拠出年金を取り入れている会社などに勤務している人に限られます。

DCでも、iDeCoと同様に毎月掛金を支払い、これを「元本確保型」「価格変動型」に配分して運用をします。

iDeCoにはないDCのメリットは、**会社が掛金や口座管理料などのコストを負担してくれるという点です**。つまり会社のお金で投資ができるのがDCといえます。なお、会社が負担する掛金に、任意で個人の自己負担で掛金を上乗せできる、「マッチング拠出」というしくみがあり、この場合の自己負担分は、iDeCoと同様に所得控除になります。

DCの弱い点は、投資信託の選択肢が少ない点です。会社が用意している運用商品から選ぶ必要があるので、望む投資信託がないというケースが起きる可能性があります。一方、iDeCoであれば投資したい運用商品を扱っている金融機関を探せばいいので、この点についてはiDeCoのほうが勝っているといえるでしょう。

したがって、基本的にはDCを積極的に使いたいところですが、自分の運用方針に合う投資商品がないという場合は、自己負担になりますがあえてiDeCoを使うのも手です。

DCとiDeCoを併用することも可能で、右の表の掛金の上限以内であれば、併用できます。

DCとiDeCoの併用シミュレーション

	企業型DCに加入している方がiDeCoに加入する場合	企業型DCと確定給付型(DB、厚生年金基金等)に加入している方がiDeCoに加入する場合
企業型DCの事業主掛金(❶)	55,000円以内	27,500円以内
iDeCoの掛金(❷)	20,000円以内	12,000円以内
❶+❷	55,000円以内	27,500円以内

出典：iDeCo公式サイト「2022年の制度改正の概要」

DCを限度額まで利用してしまうと、iDeCoとの併用はできなくなります。自分の望む投資信託先を調べてから、選択しましょう。

気をつけたいのは、**企業型DCのマッチング拠出を使うと、企業型DCとiDeCoの併用ができなくなるという点です。**つまり、マッチング拠出で企業型DCをフルに使うか、マッチング拠出はせず企業型DCとiDeCoを併用するか、どちらかを選ぶ必要があります。

会社が用意している投資信託のラインナップに自分の満足するものがあれば企業型DCをフル活用し、そうでなければiDeCoを取り入れる。そのように考えておきましょう。

投資信託はインデックスファンドがおすすめ

それでは、いよいよここから投資信託選びに入っていきます。

ここまでに、老後に向けて着実に資産を育てるうえで「投資信託の積立投資」がおすすめだと繰り返しお伝えしてきました。

ただ、投資信託と一口に言っても、選択肢は多く、ネット証券の代表格であるSBI証券や楽天証券の場合、投資できる投資信託は2,500銘柄を超えます。ですから、ここからいきなり選ぼうとすると迷ってしまうでしょう。

そこで、まず押さえておきたいのが「インデックス型」と「アクティブ型」の違いです。投資信託はこの2つのタイプに分かれているのですが、私はインデックスファンドをおすすめしています。

インデックス型とは、さまざまな「指数」の動きに連動するように設計されている投資信託です。

日経平均株価（日経225）やTOPIX（東証株価指数）、ダウといった言葉を一度は耳にしたことがある人は多いと思いますが、これらも指数の一種です。日経平均株価は、日本経済新聞社が、東京証券取引所プライム市場に上場する約2,000銘柄のうちから選定した225社の平均株価により算出されています。

この日経平均株価に連動するインデックスファンドに投資をしたら、日経平均株価が1%値上がりすればインデックスファンドも1%値上がりし、下がれば同じように下がります。

インデックスファンドが優れている点はいくつかありますが、まずは分散投資が簡単にできるという点です。**日経平均株価に連動するので、それだけで225社に分散投資をしたのと同じ効果を得られます**。「全世界株型」のインデックスファンドを買えば、さらに広く世界中の株式に分散投資ができます。

次のインデックスファンドのメリットが、コストが抑えられるという点です。投資信託につきものの、保有中の使用料として取られる信託報酬の率が低いため、長期投資を行うのに合っています。

一方のアクティブ型は、インデックスファンドのパフォーマンスを上回る成果を目指す投資信託です。

とはいえ、実際にインデックスファンドのパフォーマンスを超えるアクティブファンドは実はあまり多くありません。ある調査では、アメリカの大型株に投資するアメリカ国内のアクティブファンドと、アメリカの大型株の代表的な株価指数である「S&P500」を比較した結果、9割前後がS&P500に負けています。これはつまり、見極める能力のない初心者なら、何も考えずにS&P500のインデックスファンドに投資をしていたほうが、アクティブファンドを選んだ人の大半よりも多くの利益を得られるということです。

アクティブファンドはコストが割高な点もネックです。低コストの投資信託が選別されているつみたてNISAの対象商品でも、アクティブファンドの信託報酬が0.9〜1.3%であるのに対し、インデックスファンドは0.1〜0.5%と、やはり差が出ています。このコスト差は、長期投資であればあるほど影響が大きくなっていきます。

インデックスファンドに積立投資をすれば低い手数料で手軽に「長期・分散・積立」を実現できるわけですから、**特別なこだわりがなければインデックスファンドで十分です**。

投資信託の選び方

投資信託を選ぶときに便利なのが、楽天証券の「投信スーパーサーチ」です。ここでは楽天証券が取り扱う約2,600の投資信託を、さまざまな条件で絞り込むことができます。早速、画面を見ながらやってみましょう（画面は2022年7月21日時点）。

画面の左側に「検索条件」のチェックボックスがあります。ここでまずチェックすべきは、「つみたてNISA」と「インデッ

楽天証券での投資信託の選び方

出典：楽天証券「楽天スーパーリサーチ」

自分の目的に合った銘柄に絞れるので選択が楽です。並び順も現在の利益率など、自分が重視したい情報に並べ替えが可能なので、お気に入りの銘柄が選びやすいでしょう。

クスのみ」です。これだけで一気に投資信託の数が120に絞られました。前述のとおり、つみたてNISAの対象商品は「長期・分散・積立」に適していて、中でもインデックスファンドは安定的な利益が期待できますから、まずはここから選ぶのが近道です。

この先の絞り込みは人それぞれの投資方針にもよりますが、私は「株式」に限定して投資銘柄を探します。つみたてNISAの対象商品の資産タイプには、「株式」と「資産複合（バランス）」の2種類があります。ここは、数十年後まで長期投資を続けるのであれば「株式」を選ぶといいでしょう。すでにお伝えしたように、株式は複利効果や経済成長によって、長期的には値上がりが見込まれるからです。

資産複合（バランス）は、株式のほかに債券などを組み込んだ投資信託にしたい人に向いています。債券は株式と比べて値動きが穏やかですから、少しでもリスクを下げたいという人はこちらを選ぶのもありです。

たとえば次のページの図は、株式型の「eMAXIS Slim 全世界株式（除く日本）」と、バランス型の「eMAXIS バランス（4資産均等型）」を比較したものです。比較すると、短期的にはバランス型が良い場合もありますが、長期で見ると株式型のほうが高いパフォーマンスを実現していますね。

そして最後に、「投資対象地域」で絞り込みます。ここの選択肢は「日本」「グローバル（日本除く）」「グローバル（日本含む）」「北米」「エマージング」の5つです。

インデックスファンドの場合、投資する国の経済成長によっ

楽天証券における銘柄の比較

出典：楽天証券「楽天スーパーリサーチ」

株式型の方がパフォーマンスが良く見えますが、バランス型は変動率が小さく安定しています。自身の目標額などと照らし合わせて選びましょう。

て、得られる成果が変わります。大きな経済成長が見込まれる国のインデックスファンドに投資をすれば、それだけ大きな利益を得られるということです。

その点で、まず外せないのがアメリカです。**世界一の先進国でありながら、この先も人口増加が予測されているアメリカは、他の国よりも高い成長を期待できます**。Amazon や Facebook など、私たちが使っている商品やサービスの多くがアメリカの企業ということも安心材料です。

2022年に入り、アメリカでは物価上昇を抑えるために大幅な利上げが行われ、株価は下落傾向に向かっています。利上げが行われると、企業や個人がお金を借りにくくなり、景気が悪化するというメカニズムがあるので、これは仕方ありません。

それでも私は、20年後、30年後の未来を考えると、アメリカの経済成長は続いていると見ています。2100年時点でもアメリカの人口の増減率はプラスを維持できると予測されており、少なくとも私たちが生きている間は、アメリカの株式市場は魅力的です。

人口の年平均増減率の推移（2000～2100年）

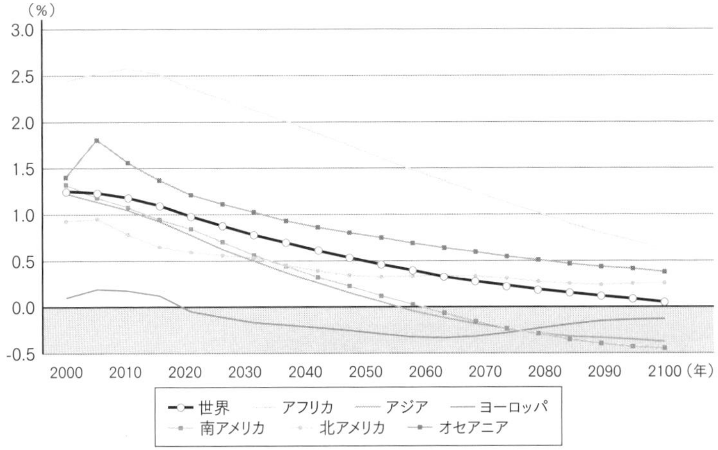

出典：総務省統計局「世界の統計」(2022年)

北アメリカ大陸では人口増減率自体は下がる予想がされていますが、2100年まで0%を割るとは考えられておらず、人口の増加が見込まれています。欧米先進国は軒並み人口の減少が心配されていることもあり、アメリカへの期待が高まる理由になっています。

というわけで、投資信託の投資対象地域として私が選ぶのは「北米」です。アメリカだけに投資をすることに不安を感じる人は、「グローバル」を選んでもいいでしょう。

ここまで来たら、候補となる投資信託は10程度に絞られているはずです。あとは、ここで出てきた候補を、信託報酬の低い順番に並び替えてみましょう。たとえば「つみたてNISA」「インデックスのみ」「株式」「北米」の条件で指定すると、もっとも信託報酬が低い商品として「eMAXIS Slim 米国株式（S&P500）」がトップに出てきました。

この投資信託は、楽天証券の買付ランキングでも1位となっており、多くの投資家に支持されていることがわかります。また、投資信託の規模を示す純資産の額が大きいことや、楽天証券独自の指標であるファンドスコア（3年）も5段階中5ということからも、安心して投資できる投資信託だと言えるでしょう。

積立投資の金額を設定する

積立投資を行う投資信託を選んだら、積立投資の設定を行います。一度設定してしまえば自動的に月々の積立をしてくれるので簡単です。ここからは楽天証券の画面を例として、積立投資の方法を説明していきます。まずは、ログインした上でご自身が選んだ投資信託のページを開いてください。

すると、その投資信託の詳しい情報を確認できます。過去の値動きの状況や手数料、運用方針などを念のために確認しておきましょう。

〖楽天スーパーリサーチを使った積立投資の設定①〗

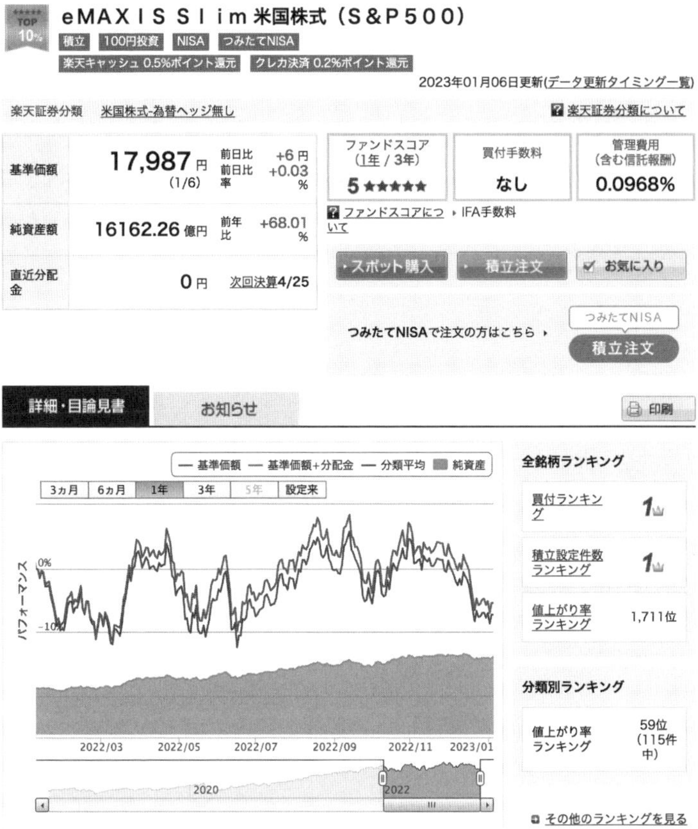

出典：楽天証券「楽天スーパーリサーチ」

その内容に問題がなければ、「積立注文」のボタンをクリックします。**楽天証券では、つみたてNISAを使う場合と、使わない場合でボタンが分かれているので、間違えないようにしてください。**

次に、投資資金の引き落とし方法を選びます。クレジットカード払いや銀行引き落としなど、複数の方法があるので便利なものを選択してください。楽天証券の場合、楽天キャッシュもしくは楽天カードによる決済でポイント還元があるので、利用したほうがおトクです。

次に積立金額を設定します。ここには、つみたてNISAを使える限度額が表示されるので、その金額以内で設定してください。

《楽天スーパーリサーチを使った積立投資の設定②》

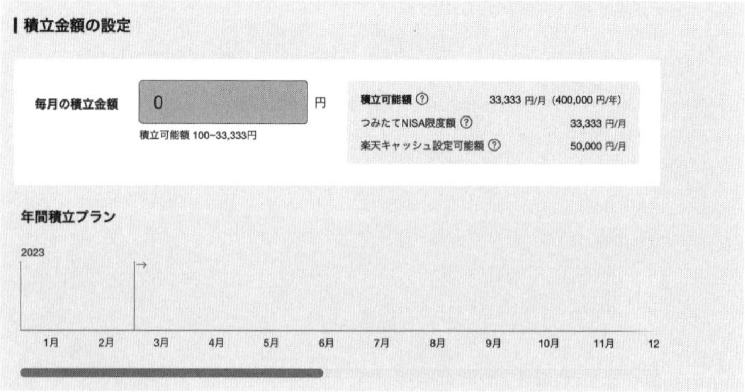

出典：楽天証券「楽天スーパーリサーチ」

ここでひとつ重要なポイントがあります。積立投資を行うとき、投資信託から得る分配金について「受取型」と「再投資型」を選択できるのですが、**老後へ向けて資産形成を行う意味では再投資型を選ぶのがベターです**。

「受取型」は、分配金を現金として受け取る方法。そして「再投資型」は、受け取った分配金を現金にせず、そのまま同じ投資信託を追加購入する方法です。前述した複利効果を十分に得るには、再投資型を選ぶ必要があります。

そして最後に、積立タイミングと積立指定日を決めます。積立投資には、毎月1回投資をする方法と、毎日投資をする方法があります。これはどちらでも構いませんが、**家計管理のしやすさという意味では毎月のほうがいいでしょう**。

そして積立指定日については、残高不足にならないように設定します。給料日の翌日を積立指定日にして、残ったお金で生活をするといった形にすると、不測の事態を避けることができていいでしょう。

これで積立投資の設定は終わりです。あとは入力内容に間違いがないかを確認して実行すれば、次の積立指定日から積立投資が自動的に行われます。

積立投資の設定が終わったら、あとはひたすらコツコツと投資を続けていくだけです。短期的な値動きに心をとらわれないようにして、基本的にはほったらかしで積み立てていきましょう。

投資でもらったお金の申告

本書の最後に、投資に関して確定申告を行ったほうがいいケースをお伝えします。ここは、つみたてNISAを使う場合、iDeCoやDCの場合、その他の場合の3パターンで手続きが変わります。

【つみたてNISA】

つみたてNISAを使う場合は、投資信託を売却などしても確定申告を行う必要はありません。つみたてNISAの限度額以内で投資をすれば、そこから得た利益は全額非課税なので何も手続きが必要ないのです。**将来的に投資信託を解約して受け取ったお金は、すべて自由に使えます。**

【iDeCo・DC】

iDeCoやDCについては、給付金の受け取り方によって手続きが変わります。一括受取の場合は退職所得として課税されるのですが、金融機関に「退職所得の受給に関する申告書（退職所得申告書）」という書類を出せば、受取額から税額が源泉徴収されるので、確定申告は必要ありません。

退職所得申告書を出すことで、原則として退職所得控除額が差し引かれたうえで税金が計算されるので、金額によっては税額がゼロになります。なお、会社から退職金をもらうのと、**iDeCoやDCの給付金を受け取るタイミングが重なると、合算したうえで退職所得控除額を差し引く形になります。**

〖退職金控除額の計算方法〗

勤続年数(=A)	退職所得控除額
20年以下	40万円× A(80万円に満たない場合には、80万円)
20年超	800万円+70万円 ×(A－20年)

出典:国税庁ホームページ「タックスアンサーNo1420退職金を受け取ったとき(退職所得)」

退職所得申告書を提出することで受けられる控除はかなりの額になります。例えば40年間iDeCoを利用した場合、控除額は800万円+70万円×20=2,200万円。控除を受けるためには、きちんと手続きをする必要があります。

退職所得申告書を出さずに給付金を受け取った場合、退職所得控除額が考慮されず、受取額に対して一律20.42%の所得税と復興特別所得税が源泉徴収されてしまいます。この場合、確定申告で退職所得控除額を申請して、払いすぎた税金を取り戻す必要があります。

【その他の場合】

つみたてNISAやiDeCo、DCを使わずに通常の投資で利益を得たときは、前述のとおり一律20.315%の税金がかかります。この場合、特定口座(源泉徴収あり)にしておけば、基本的には手続きは不要です。特定口座(源泉徴収なし)や一般口座は申告が必要になります。

ただ、株式や投資信託などを売却して損をした場合、特定口座（源泉徴収あり）でも確定申告をしたほうがお得な場合があります。

まずは「複数の証券口座があり、その一部で損失が出ている」というケースです。

A証券では1年間で100万円の利益が出て、B証券の口座では1年間で10万円の損をしたとします。この場合、それぞれ特定口座（源泉徴収あり）であれば、A証券は利益100万円に対する税金が源泉徴収されますが、B証券は損失ですから税金の源泉徴収はなされません。

こうした状況で確定申告をすると、A証券の利益とB証券の損失を合算することができます。つまり、100万円－10万円＝90万円の所得として税金が再計算されるため、A証券から源泉徴収されていた税額の一部が還付金として戻ってきます。

もうひとつ、確定申告をしたほうがいいケースとしては、「1年間の売買をトータルして損失が出ている場合」です。

上場株や投資信託を売却して生じた損失は、翌年以後3年間にわたって損失を繰り越すことができます。損失が出たとしても、繰り越しておけば、その後3年間に得た利益と相殺でき、その結果、利益が出た年の税金を抑えられるのです。

たとえば、2021年に上場株式を売却して30万円の損失が発生したとして、2022年には50万円の売却益を得たとすると、2022年分の所得税は、50万円－30万円＝20万円を基準に算定されるということです。

もっとも、この制度は短期売買をする人にとっては良い制度ですが、長期投資をする人にはあまり使う機会はありません。

まずはつみたてNISAやiDeCoなどを最大限活用して、それでも余ったお金があれば短期投資にチャレンジする。そのときに損が出たら、**確定申告をすれば損を繰り越せるということを思い出してください**。

Column

億万長者はこんな人たち

お金持ちを表すのに「億万長者」という言葉があります。

私は税務職員時代に相続税調査を担当していたことから、億単位の遺産を残した億万長者の実態に触れることができました。

私が職員だった当時、相続税がかかるのは日本の中でも上位4%ほどの資産家でした。さらに相続税調査の対象になるのは、かなり限られた人々と言っていいでしょう。

税務調査などの経験から知ったのは、億万長者の多くはひとつの成功によってではなく、地道な努力を積み重ねて大きな財産を築いているという事実でした。70代、80代まで長く仕事を続ける。無駄遣いを避けて家計の節約に努める。そのような共通点が見られたのです。

億万長者といえば、高級車や美食などの派手な消費をしているイメージがあるかもしれません。しかし、そのようなケースは例外です。暮らしぶりは私たち一般の人と大きく違わず、私としてはむしろ億万長者のほうが質素という印象をもっています。

お金の面でいえば、億万長者はお金を普通預金だけでなく株式や不動産、投資信託に分散させているという特徴があります。本書で紹介した「お金を守りながら、着実に増やす」ためのポイントを実践できていました。

本書ではFIREについて、やや否定的な見方をしていますが、これは私の見てきた億万長者の姿と異なっているからです。

早期退職を目標に資産運用に取り組むのがFIREの基本的な姿勢ですが、日本の億万長者の多くは長く働いています。ビジネスなどに挑戦し努力を続けた結果として、大きな収入を得たり、自社の株価が高くなったりして、気づけば億万長者になっていたという人が多数派なのです。

実は、私が目にしてきた億万長者のマネーリテラシーが高かったかというと、そうとは言い切れません。株式投資などは本人が積極的に行っていたというよりも、銀行や証券会社の人に提案されて投資をするという形が多かったようです。そもそも定期預金の金利が高かった時代だったので、銀行に預けておくだけで効率的に資産を増やせたという人も少なからずいました。

この本で書いたように、今の日本は経済成長が鈍化しており、預金だけでお金を増やすのは困難です。とはいえ、人任せで投資の判断をするのはリスクが高いです。自分自身がある程度のマネーリテラシーを身につけたうえで、働いて稼ぎ、これを上手に運用していくことが、これからの億万長者に共通する要素となっていくでしょう。

あとがき

本書を最後までお読みいただき、ありがとうございました。

資産形成について色々と書いてきましたが、実はポイントをまとめるとたった4つに収まります。

・FIREは考えず、働いてお金を稼ぐ
・節約・節税に取り組んでお金を残す
・インデックスファンドに積立投資をする
・つみたてNISAやiDeCoなどの税制優遇制度を活用する

自分で書くのもなんですが、極めて普通の話です。投資に詳しい人が読むと、「たったそれだけ？」と思うかもしれません。でも、それだけでいいと私は思っています。

お金にまつわる情報はそれこそ無限にあり、すべてを知るのは不可能です。興味がある人ならまだしも、忙しい現代人が株式のチャート分析や企業の財務分析などを身につけるのは、さすがに無理があります。しかも、そうしたことを学んだからといって投資で利益を上げられるとは限りません。

それでも、最低限知っておいたほうがお得なお金の知識があることも、また事実なのです。この本では、そうしたトピックに絞って簡潔に伝えることを意識しました。

お金の基本的な知識がなければ、お金の悩みを常に抱えることになってしまいます。そして、お金の悩みは生活や仕事に必ず影響します。

私は仕事を通じて素晴らしい投資家の方たちの話を聞き、「長期・分散・積立」という基本を守り続けています。そうしてコツコツと買い続けたインデックスファンドは順調に利益を生んでくれているので、私の老後のために働いてくれているようで心強いです。

この本に書いた内容は初歩的なものですが、まだまだ世の中には知らない人も多いと思います。何かひとつでも学んだことがあれば、ぜひ身近な人に伝えてください。

昨今は将来不安の高まりから「自助」の重要性が叫ばれています。しかし、お金の知識は自分だけでなく、周りの人と助け合う「共助」にも役立ちます。**お金のことを知る人が、知らない人に伝えてあげることは、立派な共助なのです**。

本書でも触れたように、現代の日本には将来が不安になるような情報が溢れていますが、**資産運用の選択肢が増え、誰でも手軽に投資ができる環境があるという意味では、確実に過去よりも今のほうが恵まれているのです**。

あとは、この状況をうまく利用するために、基本的な知識を身につけて行動をすれば、明るい未来に近づいていけます。

この本を読んだ人の人生が豊かになり、その周りの人も豊かになる。そんな風にして社会全体に良い変化が起きることを願っています。

2023年3月

小林義崇

〈著者紹介〉

小林義崇（こばやし・よしたか）

元国税専門官、フリーライター、Y-MARK合同会社代表。1981年福岡県生まれ。西南学院大学商学部卒業。2004年東京国税局の国税専門官として採用され、都内の税務署、東京国税局、東京国税不服審判所において、株式投資や不動産投資に関する税務調査や確定申告対応、不服審査業務等に従事。2年連続で東京国税局長より功績者表彰を受ける。2017年7月東京国税局を退局し、フリーライターに転身。マネーをテーマにした書籍や雑誌、ウェブ記事を中心に執筆。他の著書に『すみません、金利ってなんですか?』『元国税専門官がこっそり教える あなたの隣の億万長者』などがある。

元東京国税局職員が教える
お金の基本

2023年3月15日　第1刷発行

著　者　小林義崇

発行人　見城 徹

編集人　森下康樹

編集者　武田勇美

発行所　株式会社 幻冬舎

〒151-0051 東京都渋谷区千駄ヶ谷4-9-7

電話　03(5411)6211(編集)

03(5411)6222(営業)

公式HP:https://www.gentosha.co.jp/

印刷・製本所　株式会社 光邦

Printed in Japan

ISBN978-4-344-04060-1　C0095

この本に関するご意見・ご感想は、
下記アンケートフォームからお寄せください。
https://www.gentosha.co.jp/e/